El enigma del texto ausente

El enigma del texto ausente
Policial y metaficción en Latinoamérica

Héctor Fernando Vizcarra

Consejo Editorial

Luisa Campuzano Francisco Morán
Adriana Churampi Waldo Pérez Cino
Stephanie Decante José Ramón Ruisánchez
Gabriel Giorgi Nanne Timmer
Gustavo Guerrero Jasper Vervaeke

© Héctor Fernando Vizcarra, 2015
© de esta edición: Almenara, 2015

www.almenarapress.com
info@almenarapress.com

ISBN 978-94-92260-04-8

Imagen de cubierta: © W Pérez Cino, 2015

All rights reserved. Without limiting the rights under copyright reserved above, no part of this book may be reproduced, stored in or introduced into a retrieval system, or transmitted, in any form or by any means (electronic, mechanical, photocopying, recording or otherwise) without the written permission of both the copyright owner and the author of the book.

Índice

Preliminares 9

I. Metaficción policial
   Género y registro. Dos semblantes del relato policial 15
   Enfoques teóricos y críticos
   contemporáneos sobre literatura policial 23
   Teoría(s) de la metaficción 44
   Procedimientos estructurales 53
   Procedimientos narrativos 58
   Procedimientos discursivos 62

II. Tres enigmas
    Detectives, lectura y enigma 71
    Tres enigmas de texto ausente 89
    Investigadores y detectives literarios 95
    La importancia de decirse especialista 96
    Inestabilidad del detective 99
    Epistemofilia 103
    Régimen de la sospecha 108
    El fracaso condenado al éxito 112
    Lectura policial: el recorrido hacia el texto ausente 117
    Las reglas del juego 118
    Espacios de inculpación 124
    El viaje a Ítaca 131

Héroes y traidores 136
Persecución y huída 140
El código de los textos ausentes 145
Significado de la literatura 145
Dinero y literatura 151
Versiones de la historia 157
Coyunturas políticas 163
Consideraciones finales 173

Bibliografía 177

A mis padres, Arturo Vizcarra y María del Pilar Gómez, a mi hermana, Ara, y a mi compañera de aventuras, Ivonne Sánchez.

Preliminares

A mediados de la década de 1970, con la difusión del término *neopolicial*, la narrativa de detectives escrita en América Latina comenzó a percibirse de una manera más próxima, ya no como una suerte de traducción de obras extranjeras, sino como un tipo de ficción influida por el entorno en que se gestaba. En los años subsiguientes, además de forjarse un público lector, también se desarrolló un gusto por el cual se decantaron escritores nacidos treinta o cuarenta años antes, quienes no tomaron sólo como modelo a Jorge Luis Borges, sino, sobre todo, a los autores clásicos de novela negra estadounidense; a ellos, lectores y autores, debemos que algunas editoriales hayan apostado por publicar colecciones de literatura policial en el último cuarto del siglo xx. Con excepción quizá de los casos argentino y cubano, la academia literaria de Latinoamérica se vio afectada por un rezago en los estudios del policial; mientras tanto, en otras latitudes, de la España postfranquista a la Italia de posguerra con su bien nutrida crítica en torno al *giallo*, el despliegue de investigaciones dio paso a importantes textos que han servido como punto de arranque a trabajos como el que ofrezco a continuación. Con el propósito de recuperar dicho recorrido teórico-crítico realizado en los últimos años, dedico un segmento de esta investigación a algunos de los estudios más destacados sobre el tema.

Una porción considerable de las narrativas contemporáneas, sea cual sea su soporte comunicativo, retoma códigos y estructuras de la ficción de detectives. En el presente estudio se llamará «registro policial» a esa retórica del relato de detectives hallada en textos no policiales (no considerados dentro del *género policial*). Con esta propuesta de «registro», descrita en los preliminares del segmento teórico y del análisis, se pretende comprender la versatilidad y la exitosa comercialización de buena parte de la narrativa literaria y cinematográfica, así como de las series televisivas y de la novelística gráfica de nuestros días, si bien el presente ensayo sólo haya dado cabida al examen de un par de novelas y una *nouvelle*.

El tipo de texto literario al que remite este ensayo es fruto de un cruce inevitable. La narrativa policial, así como poco a poco fue ganando prestigio editorial y académico, se vio afectada por las prácticas escriturales en boga. La conjunción del registro policial y la metaficción, su asimilación recíproca y su recepción afortunada en distintos entornos y lenguas, dio pie a una de las múltiples vertientes surgidas del relato policial clásico. Al desgaste de fórmulas reconocibles, como la novela de espionaje o la de asesinos seriales, se sumó el tópico posmoderno del fin de los metarrelatos y de los discursos emancipatorios. Dado que la literatura de detectives es producto, síntoma y quizá epítome narrativo de la modernidad –pues se sostiene en la promesa del hallazgo de la verdad por medio de la razón–, para subsistir tuvo que asimilar dichos tópicos que, en efecto, marcan un espíritu de época. Por ello insistiremos en que la metaficción es utilizada como una estrategia para desplazar el enigma (de un delito misterioso a un texto también misterioso), así como para modificar la atención del receptor, quien ya no esperará respuestas alrededor de un crimen, sino alrededor de un escrito extraviado. El enigma y la voluntad de esclarecerlo no desaparecen: únicamente son trasladados a otro elemento de la intriga, en la cual permanece el mismo principio hermenéutico de la interpretación de datos y pistas, aunque la solución no siempre sea satisfactoria, es decir, reintegradora del orden. *¿Quién tiene el texto ausente?* es el cuestionamiento que sustituye a *¿quién es el culpable?*, pregunta a la que se suman las hipótesis derivadas que intentan dar respuesta a los *dónde, cuándo, por qué* y, en última instancia, *qué esconde el texto*.

Como toda decisión acerca de optar por un tema de estudio, la elección de textos obedece a una subjetiva cuestión de gusto y preferencia. Mi intención no ha sido elaborar un juicio valorativo de tres obras (cuya calidad podría ser dispareja, según opiniones) ni describirlas de manera específica y aislada sino, más precisamente, reflexionar y discutir los aspectos que quedan patentes en el título. Quizá como resultado de ello, la mayor problemática enfrentada al momento de llevar a cabo el trabajo estuvo relacionada con este carácter simultáneo, sincrónico, del análisis del trío de narraciones. El conflicto, por así decirlo, consistía en respetar la autonomía de cada una de ellas, su lenguaje, su identidad literaria, o, por el contrario, mezclarlas dentro de una exploración de orden temática, bajo el evidente riesgo de que, tras el filtrado de los parámetros elegidos, se perdieran aspectos relevantes y/o exclusivos de cada texto (por ejemplo, la historicidad de *La novela de mi vida*; el carácter complementario de «Nombre falso» en el continuum narrativo de Ricardo Piglia –como parte de su ciclo sobre Emilio Renzi investigador–, o la importancia de *Los detectives salvajes* en el éxito comercial del escritor chileno).

Puesto que mi interés se enfoca en la literatura policial contemporánea y su integración a la práctica metaficcional, he preferido el segundo modelo analítico. No busco, por lo tanto, ponderar autores o diseccionar alguna de sus obras, pues desde su concepción este ensayo se trazó como una obra consagrada a la narrativa policial y no a la poética personal de Piglia, Bolaño o Padura, sobre quienes existen abundantes análisis, algunos ciertamente remarcables. En lo posible, trato de tomar la distancia crítica necesaria para evaluar los dos sujetos de disertación a los que enfoco este trabajo: la narrativa detectivesca y los dispositivos metaficcionales. Finalmente, por razones de espacio, he limitado a pocas obras el corpus principal, siguiendo la premisa de que el ejercicio teórico, crítico y analítico efectuado en estas páginas puede abstraerse a lo que llamo enigmas de textos ausentes, una de las muchas variantes ficcionales del registro policial y, por extensión, concerniente al espectro de las literaturas policiales.

I.
Metaficción policial

Género y registro.
Dos semblantes del relato policial

Cualquier espectador o lector de un relato policial ha sido expuesto a una serie de clichés que, fijados en el imaginario colectivo (gracias a novelas emblemáticas, dibujos animados, filmes de género negro, cómics, entre muchos otros medios, incluidas sus parodias), dan por fuerza una recepción permeada por una intensa carga cultural de la cual es casi imposible deslindarse. No podemos negar la capacidad que la narrativa policial ha tenido para ajustarse, según su tiempo y su lugar de procedencia, a las necesidades del público consumidor de historias; es decir, no estamos frente a un auge editorial momentáneo, sino a un modelo narrativo flexible que, no obstante la presumible rigidez de sus pautas, ha sido capaz de identificar y aprovechar las preocupaciones de la época a la que se circunscribe, con o sin fines mercadológicos e ideológicos de por medio.

Toda vez que el concepto mismo de la narrativa en cuestión, desde su origen, ha experimentado transformaciones vinculadas a su entorno extraliterario, resulta complejo elaborar ya no una tipología, sino al menos un esquema satisfactorio que delimite los rasgos de la tradición de la literatura policial, sobre todo si nos concentramos tanto en las distintas vertientes de la misma como en los ejercicios críticos que ha suscitado a lo largo de más de siglo y medio de existencia. Por ese motivo, no es de extrañar que en la historia crítica de este tipo de ficción encontremos una enorme cantidad de apelativos que refieren el fenómeno, de tal suerte que *narrativa policial, novela negra, novela de enigma, de detectives* o *criminal*, a pesar de describir los diferentes matices de un conglomerado de tópicos ficcionales, quedan propensos a ser confundidos o a ser empleados arbitrariamente. En el presente texto predominarán, sin mayores distinciones, el término *policial* alternado con *detectivesco* (o *relato de detección*), el primero con el afán de reconocer la tradición de la nominación latinoamericana alrededor del tema (frente al *policiaco*, usual en España), que, a su vez, proviene de la herencia francesa de los escritos pioneros del género en América Latina (*roman policière*, o el ahora olvidado *roman judiciaire*, como el argentino Raúl Waleis subtituló en 1877 a *Las huellas del crimen*, novela que traslada el modelo narrativo a nuestras latitudes), mientras que el segundo, *detectivesco*, traducción que deriva de la etiqueta anglosajona *detective fiction*, al enfatizar la actividad que guía la trama, esto es, la detección, elimina la necesidad (al menos en nomenclatura) de la participación de las fuerzas del orden oficiales. Por ello, más que adherirme a una u otra tradición o descartar alguna, el empleo de ambos términos obedece a un convenio aceptado en los estudios sobre el tema, dado que aglutinan paralelamente el vasto repertorio de narrativas que basan su intriga en la resolución de un enigma.

Como punto de arranque plantearé la distinción entre *género* y *registro*, siempre dentro del marco de la ficción detectivesca, a fin de precisar conceptos que suelen superponerse en los estudios dedicados a ella, ya sean éstos de índole concreta o tangencial. Para ello, se esbozarán dos modos de aproximación a cualquier discurso permeado, explícitamente o no, por las convenciones de la narrativa policial.

En primera instancia, consideraré las características que permiten atribuirle a un texto la denominación genérica de ficción policial. De acuerdo con los postulados que Claudio Guillén expone en *Entre lo uno y lo diverso* (2005: 137-171), existen seis perspectivas a partir de las cuales se crea la noción de género literario: 1) histórica; 2) sociológica; 3) pragmática; 4) estructural; 5) conceptual, y 6) comparativa. Estos seis aspectos influyen de manera conjunta en la cristalización de un tipo de discurso narrativo al que atribuimos, por convención o fines didácticos, la categoría de *género*. Así, *históricamente*, las manifestaciones de la literatura policial han evolucionado a partir de su configuración como tal, a mediados del siglo XIX, gracias a la publicación de los primeros relatos en que el proceso de detección (no el misterio, y mucho menos el acto criminal) es el elemento generador de la intriga. Desde esta perspectiva «evolucionista» (Guillén, por analogía, la compara con el darwinismo) el relato de detectives atraviesa diversas fases, se transforma al incorporar motivos literarios nuevos y al privilegiar distintos temas (la degradación del entorno social en la novela negra, la tensión de la guerra fría en la novela de espionaje, el rescate de documentos valiosos en el *bibliomystery*, por citar algunos ejemplos). No debemos perder de vista, sin embargo, que dicha evolución de ningún modo obstruye el desarrollo de las vertientes predecesoras, sino que se ramifica hasta lograr un abanico de extensión considerable, hecho que se comprueba al revisar, pongamos por caso, la narrativa policial mexicana de la actualidad, cuyo referente directo sigue siendo la novela negra estadounidense, o las recreaciones contemporáneas de aventuras de detectives clásicos que, como *The Mandala of Sherlock Holmes*

(1999), del escritor tibetano Jamyang Norbu, siguen el esquema de los relatos del policial temprano.

Desde una perspectiva *sociológica*, la cual no está emparentada con los condicionamientos del entorno de la obra estudiados por la sociocrítica, sino con el proceso de legitimación de un modelo narrativo frente a la literatura como institución (construida por la academia, los concursos y premios, las revistas especializadas, las colecciones editoriales), la literatura policial se forja como género una vez que, muy probablemente después de la masificación de las historias sobre Sherlock Holmes escritas por Arthur Conan Doyle, al menos en el mundo anglosajón, pudo entenderse en tanto modelo narrativo específico que, en lo sucesivo, sería conocido como *detective fiction*. Un ejemplo ilustrativo de la consumación del género por la vía editorial es el caso de la «Série Noire», colección de Gallimard que incluía en la mayor parte de sus títulos traducciones de autores estadounidenses (relatos conocidos en su país como de *hard-boiled detective*), ya que gracias al nombre de esta serie, fundada en 1945, el adjetivo «noir» pasó a describir, en el cine y en la literatura, aquellas historias donde el suspenso y el crimen suscitaban la tensión dramática, denominación que se extendió al ámbito hispánico, «novela negra» y «cine negro», mientras que en inglés, si bien permaneció la etiqueta «*hard-boiled*» para la literatura, el término *film noir* se adoptó para el drama criminal hollywoodense[1].

La perspectiva *pragmática* de género literario está dada por la relación entre lector y obra, es decir, el pacto de lectura. Este aspecto resulta bastante claro al referirnos a un texto policial clásico, pues dicho contrato, que equivale al «horizonte de expectativas» explicado por Hans Robert Jauss, demanda la atención del receptor hacia ciertos puntos nodales en torno a los cuales se construye la intriga detectivesca: por qué x fue asesinado, quién y cómo llevó a cabo el crimen y, sobre todo, cómo habrá de destrabarse convincentemente el enigma que se plantea. Por ello, no en vano una de las preocupaciones fundamentales de los escritores de ficción policial ha sido el establecimiento de normativas que aclaman el *fair play* y condenan la «trampa», es decir, la traición a ese pacto de lectura, como se deja ver en el célebre ensayo «Twenty Rules for Writing Detective Stories» (1928) de S.S. Van Dine y en «Los laberintos policiales y

---

[1] En el ámbito italiano observamos un fenómeno similar con el adjetivo «giallo», literalmente «amarillo» (originado por la colección de Mondadori «I libri gialli» fundada en 1929, de cubiertas de ese color), bajo el cual se agrupan historias relacionadas con detectives, espías y otros subgéneros de la literatura policial e incluso de la ciencia ficción y la novela histórica.

Chesterton» (1935), código elemental trazado por Jorge Luis Borges para este tipo de relato.

Para explicar la perspectiva *estructural* del género literario, Claudio Guillén aduce que «el género particular pertenece a un conjunto, o sistema [...] de opciones, alternativas e interrelaciones, [de tal forma que] la clase elegida se diferencia de las demás significativamente, *no* siendo lo que no es» (2005: 142). Esta definición, que propone comprender un género mediante su contraste con otros, permite ubicar al policial en el mismo rango del relato de horror y del relato de crímenes. En el primer caso, debemos recordar que las manifestaciones iniciales de la ficción policial evocan un tema similar al de la novela gótica: un misterio que, se sugiere, es de índole sobrenatural (de ahí el carácter siniestro —expresado por el término freudiano *Unheimlich* con mayor exactitud— del acontecimiento). Si bien ambos géneros se valen de una disonancia cognitiva para afectar a sus personajes en el transcurso de la trama y crear la incertidumbre en el receptor, en el policial habrá un triunfo irrefutable de la razón, con lo cual se destruye todo indicio de intervención ajena al ámbito puramente humano. En cuanto a los vasos comunicantes entre la narración de un crimen y el género en cuestión, recurrimos a una pregunta ya conocida: ¿podría ser *Crimen y castigo* un relato policial? Además del tema del asesinato premeditado, en la novela de Dostoyevski confluyen motivos literarios utilizados también por la narrativa policial, como el ajusticiamiento, la paranoia, los debates internos del protagonista y la condena final. Pese a los puntos en común, la instancia que marca la diferencia entre ambos tipos de narración es el énfasis que se pone en lo que desencadena un acto criminal, pues mientras en uno se tiende a profundizar la dimensión ética —las motivaciones y consecuencias— del asesinato, en el segundo se privilegia la explicación material —el cómo—; en otras palabras, la distinción radica en la tematización del conflicto ético antes y después de un delito, en un texto como *Crimen y castigo*, frente a la tematización del proceso deductivo (el esquema *huir-perseguir*), en el policial.

Por otro lado, la noción de género literario desde una perspectiva *conceptual* está relacionada con aquella abstracción que realizamos al imaginar un tipo de discurso ideal (un concepto-resumen) «donde se compendian y reconcilian los rasgos predominantes de una pluralidad de obras, autoridades y cánones» (2005: 144), es decir, el inasequible pero concebible estado puro de un género, mismo que usamos como referencia al intentar atribuir a una obra alguna pertenencia genérica, de lo cual se infiere que, por poner un ejemplo, *Un crime en Hollande* de Georges Simenon es, sin duda, de género policial, mas el género policial no puede pensarse sólo a partir de esa novela.

Consecuencia de su preocupación por abarcar la extensión espaciotemporal del fenómeno literario, Guillén formula un último aspecto sobre el cual reflexiona la genología: la perspectiva *comparativa*. La pregunta que se plantea este inciso versa sobre la frecuencia en que un género participa en distintas culturas y épocas (recordemos que uno de los fundamentos de la literatura comparada es el reconocimiento de una *Weltliteratur*). Sabemos que la narrativa policial tiene su origen a mediados del siglo XIX en países industrializados; que las primeras lenguas en que se escribió fueron en inglés y en francés, y que sólo hasta varios decenios más tarde pudo penetrar en regiones y lenguas distintas. En la actualidad, no obstante, sería imposible comprender este género sin las particularidades paródicas de las novelas escritas en Latinoamérica, sin la problemática social contemporánea denunciada por la novela negra escandinava, sin la rescritura de la novela china del siglo XVIII *Casos del juez Di*, realizada por Robert van Gulik, o sin la exploración de las posibilidades interpretativas de un enigma efectuada en *Pieza única*, del serbio Milorad Pavić. Así, más que cotejar superficialmente unas novelas con otras para hallar disparidades o semejanzas, habremos de entender el género aquí discutido, desde una perspectiva comparativa, como un modelo narrativo que puede ser cultivado, aunque con variantes (siendo las razones de éstas lo de mayor valía al ser estudiado), en diversos periodos y latitudes.

Ahora bien, ¿qué sucede cuando una obra se vale de los recursos formales de la ficción policial sin que responda a cada uno de los aspectos que constituyen la noción de «género»? Nos referimos a aquellos textos que no son considerados habitualmente dentro del género policial, y que sin embargo pueden ser analizados como tales, pues el desarrollo de su diégesis está trazado sobre una plataforma semejante a la del relato de detección.

En «El triple robo de Bellamore» de Horacio Quiroga, en «El hombre» de Juan Rulfo y en «La cara de la desgracia» de Juan Carlos Onetti, percibimos cómo la trama responde al modelo de *huir-perseguir* (o *visión* contra *ceguera*, de donde surge el significativo fetiche del detective, la lupa) con el que caracterizamos la perspectiva estructural del policial: en el primero de ellos, debido a una cadena de circunstancias azarosas hasta la exageración, se inculpa de tres robos bancarios a un empleado cuya inocencia es sabida por todos los personajes; en el cuento de Rulfo, el asesino de una familia entera es cazado con perseverancia por un vengador a través del campo mexicano, mientras que en el cuento de Onetti el protagonista, afectado anímicamente por el suicidio reciente de su hermano mayor, admite que se le atribuya un crimen que bien pudo haber cometido, mas su culpabilidad nunca se asegura. Sin ser del género policial, los tres relatos (elegidos de forma expresa por la lejanía de sus autores con respecto al asunto que tratamos) tienen como soporte, además del tema del delito y su castigo subsecuente, una serie de pautas que recuerdan en *algo* a la ficción de detectives; ese *algo* es a lo que llamo *registro policial*: la tensión dramática producida por la exposición gradual de incógnitas, los obstáculos y vericuetos surgidos en el transcurso de la historia, sus resoluciones paulatinas (acertadas o no), y, en última instancia, una conclusión análoga al fallo irrevocable y disciplinario otorgado por el detective como colofón de su pesquisa.

Definido como por el DRAE como «1. Dicho o conjunto de palabras de sentido artificiosamente encubierto para que sea difícil entenderlo o interpretarlo; 2. Dicho o cosa que no se alcanza a comprender, o que difícilmente puede entenderse o interpretarse», el *enigma* funciona, en el entramado narrativo, como la incógnita algebraica, es decir, como el elemento desconocido cuyo significado será extraído del resto de los elementos o indicios. Partiendo de esta definición sucinta, la perspectiva de este trabajo se interesará sobre todo en el carácter incierto del enigma, ese «sentido artificiosamente encubierto» (siguiendo la enunciación del diccionario) que el texto, mediado por el narrador, irá develando en el transcurso de las acciones relatadas a la manera de un detective que progresa en su investigación, esto es, el planteamiento sistemático de incógnitas y los intentos por dilucidarlas, una tras otra, como principio de la intriga.

Para entender la noción de *registro policial* tomaremos la propuesta teórica sobre la tensión narrativa desarrollada por Raphaël Baroni:

> La tensión [narrativa] es el fenómeno que surge cuando al intérprete de un relato se le exige estar a la expectativa de un desenlace, expectativa caracterizada por una anticipación teñida de incertidumbre, la cual confiere rasgos pasionales al acto de recepción. La tensión narrativa será, entonces, considerada como un efecto poético que estructura el relato, y en la que habremos de reconocer el aspecto dinámico o la "fuerza" de eso que acostumbramos llamar *intriga*. (2007: 18)

La dilación (o tratamiento dilatorio) en un relato busca provocar una vacilación en el lector al tiempo que éste, inmerso en el pacto ficcional, se dedica a interpretar lo que la diégesis esconde o disimula (la identidad de la incógnita) antes de alcanzar el desenlace. Así pues, la tensión narrativa, entendida como una serie de dispositivos que retrasan la consumación de la trama, sin ser del dominio exclusivo del género policial, puede estar presente en relatos que abordan temáticas distintas a las de la tradición de la novela de detectives. En una obra de registro policial encontraremos, en consecuencia, que la participación del suspense como estructurador del relato funciona de la misma manera que en una narración de género detectivesco formulaico (la tensión entre la ceguera y la observación; el vaivén entre lo encubierto y lo que se descubre), aunque no haya crímenes, robos o violencia.

Queda claro que cualquier discurso narrativo, y no sólo el detectivesco, se sostiene, según la terminología de Paul Ricœur, gracias a la dinámica de la retención y la protensión (es decir, la acción inmediatamente anterior al suceso relatado y la acción inminente posterior a éste); no obstante, es importante advertir que la literatura policial tematiza dicha protensión (*cómo* habrá de evidenciarse lo intangible, de otorgársele sentido a un ambiente lleno de sinsentidos), de tal forma que, como aduce Ricardo Piglia en su ensayo «La ficción paranoica», «convierte en anécdota y en tema un problema técnico del relato que cualquier narrador enfrenta cuando escribe una historia. [...] Todo relato va del no saber al saber. Toda narración supone ese paso. La novela policial hace de eso un tema» (citado por Setton 2009: 275). La tematización del acto de despejar incógnitas, entonces, caracteriza el relato de detección y, por ende, afecta al pacto de lectura, predisponiendo –auxiliado por instancias paratextuales– la actitud del intérprete, lector o espectador; ese esquema *huir-perseguir*, *ocultar-revelar*, es el que predomina en narraciones como las de Quiroga, de Rulfo y de Onetti revisadas páginas atrás, así como en los ejemplos de novelas y cuentos de géneros distintos al policial arriba mencionados.

Así, el empleo del registro policial puede ser absorbido por narraciones que no pertenecen al género, de ahí que surjan confusiones y desacuerdos cuando se afirma que textos como *Crónica del pájaro que da cuerda al mundo* de Haruki Murakami, *La disparition* de Georges Perec, o *En busca de Klingsor* de Jorge Volpi son novelas policiales. No se trata, pues, de reelaboraciones ni reinterpretaciones del género de detectives –aunque en las tres se cuente el rastreo de alguien desaparecido: una esposa, un compañero, un científico–, sino de obras que incorporan a sus poéticas el suspense que el género policial ha perfeccionado y que en cada uno de sus textos intenta llevar al límite, ya que en el suspense estriba el interés que se ha de despertar en el receptor.

Igualmente, otros géneros literarios son capaces de asimilar el registro, sin por ello desatender sus temas y motivos propios, produciendo juegos combinatorios que, en ocasiones, y a falta de mejores alternativas, se nombran como novelas híbridas. Algunos ejemplos claros de géneros narrativos que se apropian del registro policial son la ciencia ficción (*Do Androids Dream of Electric Sheep?* y «Minority Report» de Philip K. Dick), el fantástico («Mona» de Reinaldo

Arenas), la novela histórica (*El nombre de la rosa* de Umberto Eco), la novela de aventuras (*The Assassination Bureau, Ltd* de Jack London), la tragedia (*Œdipe roi* de Didier Lamaison), la novela de formación (*El enigma de París* de Pablo De Santis), la novela de vampiros (*Asesinato en una lavandería china* de Juan José Rodríguez), la novela testimonial y de denuncia (*Operación Masacre* de Rodolfo Walsh), el manga (*Lupin iii* de Kazuhiko Kato), el texto poscrítico disfrazado de novela o viceversa (*Qui a tué Roger Ackroyd ?* de Pierre Bayard), el relato metafísico («El jardín de senderos que se bifurcan» de Borges) y la novela sobre investigación literaria (*Los papeles de Aspern* de Henry James). A este último modelo, cuyo enigma se basa en la recuperación de textos ausentes, pertenecen las obras que analizaremos en el presente estudio.

En resumen, para concluir, señalaré que *1)* en cualquier obra *de género* policial concurren seis perspectivas identificables que le otorgan una pertenencia genérica, esto es, su grado de filiación con los textos paradigmáticos, su cercanía a las convenciones establecidas por la historia literaria y su aprovechamiento de los clichés que permitirán al lector o espectador reconocer que, en efecto, se trata de un texto inserto en una tradición determinada –siempre teniendo en mente la inexistencia de una obra *de género* en estado puro–, y *2)* una narración puede ser policial sin que se ajuste a todas las normas de dicho género; en este caso hablaremos de un *registro narrativo* que funciona como patrón estructural, el cual no restringe ni la temática ni la retórica que enmarcan dicho relato, pues éste únicamente se sirve del suspense y la tensión narrativa –es decir, de la dosificación de la información recabada en el transcurso de la trama– como instancia generadora de su intriga particular.

Enfoques teóricos y críticos contemporáneos sobre literatura policial

El interés por realizar acercamientos críticos y teóricos a la narrativa policial de América Latina ha experimentado, en los dos últimos decenios, un aumento relativamente importante en el ámbito académico. Es evidente que dicha tendencia no es el resultado de un factor único, sino de una serie de circunstancias literarias y extraliterarias, como la revaloración de los discursos no hegemónicos, la atención del mercado editorial hispanoamericano hacia los llamados géneros menores y, por parte de los creadores, el aprovechamiento y la reelaboración de procedimientos narrativos utilizados por la literatura de masas. La irrupción y maduración del relato policial en este contexto ha implicado un proceso discontinuo e irregular en cuanto a sus características cualitativas: recordemos que *Seis problemas para don Isidro Parodi*, primer ciclo detectivesco latinoamericano reconocido por la crítica especializada, fue publicado en 1942, es decir, un siglo después de la fecha en que convencionalmente se ubica el origen de la fórmula. Si entre el cuento fundador, «The Murders in the Rue Morgue», de Edgar Allan Poe, y el libro firmado bajo el seudónimo de H. Bustos Domecq existe una distancia temporal considerable, está claro que la *recepción reproductiva*[1] de la literatura policial en el entorno geográfico que nos concierne tuvo, también, un rezago comprensible frente a la crítica francesa y anglosajona, donde ha habido una notable diferenciación entre la narrativa detectivesca de consumo y aquella que bien puede ser entendida como una producción literaria ajena al *best-seller*.

---

[1] Retomo aquí la exposición de los postulados de H. R. Jauss emprendida por Maria Moog-Grünewald: «La *recepción reproductiva* [se lleva a cabo] mediante la crítica, el comentario, el ensayo, cartas o apuntes de diario y otros documentos más que se esfuerzan en la transmisión de una obra literaria [...]. La *recepción productiva* por literatos y poetas que, estimulados e influidos por determinadas obras literarias, filosóficas, sicológicas y hasta plásticas, crean una nueva obra de arte» (1984: 82).

Entre los exponentes de esa primera etapa de la recepción reproductiva de la ficción policial en América Latina se encuentran Jorge Luis Borges, Adolfo Bioy Casares, Xavier Villaurrutia, Alfonso Reyes, José Antonio Portuondo y Alejo Carpentier, todos ellos glosadores y defensores de la vertiente clásica del relato de detección (más que de la novela negra) propagado con leves variantes desde Poe hasta la época del *London Detection Club*. Tras aquella etapa de predominio del policial temprano tanto en los textos narrativos como en la perspectiva crítica, surge una propuesta distinta no sólo en lo concerniente a los parámetros estructurales del relato, sino, sobre todo, en cuanto a su carácter denunciatorio. La novela negra latinoamericana, al igual que el modelo norteamericano en que se inspira, recurre a una representación distinta de su protagonista, pues éste deja a un lado los procesos racionales y los sustituye poniendo en riesgo su integridad física, característica que lo marca como figura heroica dentro de un marco social degradado (los bajos fondos de las grandes ciudades). En estas novelas, cuyo ejemplo latinoamericano más estudiado quizá sea *El complot mongol* de Rafael Bernal, el enigma casi desaparece de la estructura, no así el detective, cuya labor ya no consiste en descifrar misterios, sino en revelar las relaciones entre el hampa organizada, la policía y los políticos. Dentro del ámbito de la crítica, a diferencia de la promoción anterior, la cual tendía a ser descriptiva, a partir de los años setenta del siglo xx empieza a gestarse una nueva manera de abordar el género, la cual hace énfasis en las causas de su creciente popularidad y elabora análisis que vinculan la realidad social latinoamericana con las tramas de su novela negra. Los críticos que reflexionan en torno a esta narrativa en su mayoría son, a su vez, cultivadores de la misma, y entre ellos destacan Ricardo Piglia, Mempo Giardinelli, Rodolfo Walsh y Paco Ignacio Taibo ii, no sólo por su contribución en tanto creadores y promotores del género, sino por constituirse como referentes de lo que llamaremos novela policial de metaficción, ya que gran parte de sus aportaciones teóricas están enmarcadas dentro de su obra cuentística y novelística.

Cabe señalar aquí que la perspectiva del presente estudio se adscribe a la genealogía más extendida del género en cuestión (fuera y dentro de la academia), aquella derivada de la cultura letrada, misma que sitúa la aparición del policial con E.A. Poe. No está de más recordar que, a la par de esta versión «oficial», canónica, del nacimiento del género, existen también estudios que sitúan las primeras manifestaciones del policial, más bien una especie de prototipos, en las crónicas periodísticas sobre crímenes, popularizadas en la primera mitad del siglo xx. Como muestra de esta perspectiva, en su ensayo «*Causas célebres*. Orígenes de la narrativa criminal en México» (2005: 13-38), Enrique Flores elabora un estudio acerca de la posible aparición del relato policial en México a través de las *causas célebres*, ejemplificando su hipótesis con «El crimen de don Joaquín Dongo» (1789), proceso cuya notoriedad lo llevó a ser incluido por Vicente Riva Palacio y Manuel Payno en *El libro rojo* (1870). Esta línea genealógica, frente a la de la «tradición letrada», es también sugerida por Mempo Giardinelli, quien sostiene que la novela negra latinoamericana, más que provenir de la literatura policial clásica de tipo anglosajón, es producto de una modificación de las historias de vaqueros (novelística del oeste estadounidense, si se prefiere): «Esa influencia es, en realidad, una línea de continuidad: no pudo haber novela negra (de Hammett en adelante) sin la literatura romántica y de acción de los autores decimonónicos del llamado Oeste» (1984: 86).

Quizá como una reacción natural a la circulación de la narrativa policial entre el lector promedio, la academia comienza a prestarle atención y, a partir de los ochenta, como resultado del auge y asimilación de las teorías de la posmodernidad, aparecen varios textos ahora clásicos entre la crítica especializada. El primero de ellos, a pesar de haber sido publicado a principios de la década de los setenta, puede ser considerado el precursor de los enfoques críticos contemporáneos: en «The Detective and the Boundary: Some Notes on the Postmodern Literary Imagination» (1972: 147-168), William Spanos formula por vez primera la hipótesis de una narrativa policial, fruto de la crisis de la modernidad, que cuestiona el racionalismo positivista al dejar inconcluso el desenlace de su trama y que, en consecuencia, frustra las expectativas de un receptor habituado a la tranquilidad proporcionada por la certeza de la develación final del misterio. Aunque se trata de un artículo breve que respalda su argumentación en la filosofía existencialista, y sus ejemplos analíticos de literatura policial son limitados (Spanos, para demostrar su tesis, recurre sobre todo al *nouveau roman*, a la literatura del absurdo y a la existencialista), la influencia que tuvo en la crítica de la década siguiente fue decisiva, pues de él se retoma el concepto del relato policial que subvierte el patrón clásico sin deslindarse por completo de una tradición, lo que posteriormente ha sido ampliado mediante propuestas teóricas sobre la parodia.

El segundo texto clásico, *The Doomed Detective: The Contribution of the Detective Novel to Postmodern American and Italian Fiction* (1984), de Stefano Tani, además de concretar y sistematizar la propuesta de Spanos, realiza una aportación fundamental a los estudios sobre literatura policial: la definición de la novela antidetectivesca. En su investigación, Tani reconoce dos líneas de desarrollo del género de detectives, una que ha sido fiel al modelo analítico de Poe (*poesque*, es decir, racional, cientificista), y otra que da prioridad a la acción física en el desarrollo de la trama (*non-poesque*, cuyo ejemplo sería la novela negra y sus ramificaciones). Si bien dicha clasificación, en la actualidad, puede parecer reduccionista, es útil para entender el concepto de ficción antidetectivesca, la cual, explica Tani, estaría caracterizada por la «ausencia de solución» (*non-solution* o *unfulfilled suspense*), a diferencia de lo que sucede con el relato de detección convencional, donde el detective está «destinado» a triunfar, casi como una penitencia –de ahí el *doomed* del título de su ensayo–.

La contribución de Tani ha tenido un impacto considerable en la crítica dedicada a la literatura policial latinoamericana, ya que en *The Doomed Detective* se privilegia el análisis de la parodia como principio constructivo. Y es que, de acuerdo con la mayor parte de los trabajos en torno al tema, la estilización paródica es un rasgo común que recorre, en el tiempo y en el espacio, la ficción de detectives escrita en América Latina (el nombre de Isidro Parodi da cuenta de ello), de ahí que el texto de Stefano Tani haya sido de enorme utilidad y continúe siendo vigente. Ejemplos actuales de esta presencia son los ensayos *La novela detectivesca de metaficción: cuatro ejemplos mexicanos* (2006) de Kseniya Vinarov y *La novela policial alternativa en Hispanoamérica: detectives perdidos, asesinos ausentes y enigmas sin respuesta* (2008) de Diego Trelles Paz, textos que, como indican sus títulos, renombran el género; sin embargo, «novela detectivesca de metaficción» y «novela policial alternativa» se suman a otras nomenclaturas –como «novela policial posmoderna», «post-colonial detective fiction» y la ya referida «novela antidetectivesca»–, las cuales, a grandes rasgos, describen obras similares a partir de enfoques teóricos distintos.

Antes de revisar cada una de estas propuestas de análisis acudiremos a un texto de Tzvetan Todorov, «Tipología de la novela policial» (1971: 55-65)[2], cuya relevancia, como se observará, radica en la distinción entre el modelo constructivo que da forma al relato de detectives clásico y el concerniente a la novela negra.

De índole estructuralista, el ensayo de Todorov sirve como punto de apoyo para buen número de especialistas e historiadores de literaturas policiales. En principio, problematiza la noción de género literario y cuestiona su grado de utilidad una vez que, a partir del romanticismo, la reflexión literaria dejó de ser sólo descriptiva y, sobre todo, prescriptiva, dado que «[una] obra era considerada como mala si no obedecía lo suficiente a las reglas del género» (1971: 55). Las primeras líneas del texto de Todorov parecerían encerrar una contradicción, pues en ellas se objeta el estudio de los géneros literarios dentro de un ensayo

---

[2] Todas las versiones de las citas en español son mías, salvo que se indique lo contrario.

cuyo título anuncia una clasificación por tipos; para sortear dicha paradoja, el autor se asume partidario de la diferenciación entre *la* literatura y la literatura de masas, evocando la categorización propia del pensamiento moderno que sitúa en planos distintos la «cultura de masas» y la «alta cultura», pues «ya no hay en nuestra sociedad una sola norma estética, sino dos; no se pueden medir con los mismos parámetros el "gran arte" y el arte "popular"»; por consiguiente, desde esta perspectiva, es factible elaborar la tipología de una de las expresiones de la literatura de masas, es decir, de aquellas narraciones que están moldeadas bajo las consignas de una fórmula de eficiencia comprobada, ya que «la novela policial por excelencia no es aquella que transgrede las reglas del género, sino la que se ajusta a ellas» (1971: 56).

Aunque no es el primero en hacer notar la relación derivativa de la ficción policial clásica hacia la novela negra, Todorov revela, mediante el análisis de las estructuras particulares de ambas, las delimitaciones de cada una de estas «especies». Así, la aportación más significativa de «Tipología de la novela policial» es descubrir la coexistencia de dos historias dentro de una narración del género clásico (o novela de enigma, de acuerdo con su denominación): la *historia del crimen* y la *historia de la investigación*. La que refiere la ruptura del equilibrio, es decir, el delito cometido, es una historia real pero ausente que acontece antes que la segunda, la historia de la investigación, en la cual los personajes no actúan, aprenden: se dedican a recabar los indicios necesarios para concluir su empresa en buenos términos. La *historia del crimen* está ausente, puesto que constituye la incógnita de la diégesis, incógnita que habrá de ser reconstruida como conclusión de la *historia de la investigación*; esta segunda historia, que es en realidad la única presente a nivel textual, se convierte en la instancia mediadora entre la historia del crimen y el lector, pues «está obligada no sólo a tener en cuenta la realidad del libro, sino que ella es precisamente la historia de ese mismo libro» (1971: 58), de lo cual se infiere que, para Todorov, la novela de enigma es, en sí misma, la narración detallada de un proceso de detección.

Sin detenerse en los aspectos temáticos y argumentales tratados en ambos tipos de relato policial y sus posibles determinantes contextuales, Todorov señala los lineamientos de la novela negra. El planteamiento es simple y, más que contraponer los dos modelos estudiados, presupone un acoplamiento de la *historia del crimen* con la *historia de la investigación*: «La novela negra es una novela policial que fusiona las dos historias […]. Ya no se nos narra un crimen anterior al momento del relato, sino que el relato coincide con la acción» (1971: 60). Deja de haber, entonces, un misterio que adivinar, al menos en el mismo sentido que lo hay en el relato clásico, pues el procedimiento con el que se crea el suspense difiere en ambos tipos de ficción policial. En la novela de enigma, la atención del receptor sigue el desplazamiento del efecto a la causa, del producto del crimen hacia las razones y culpables de éste; en la novela negra, de forma inversa, se muestran primero las causas (la planeación de un asesinato o de un robo, por ejemplo) y más tarde las consecuencias.

No obstante los aportes significativos del ensayo de Todorov en cuanto al código de articulación de las dos especies de relato policial, quedan pendientes, entre otros, los análisis acerca de los aspectos ideológicos y evolutivos del género en cuestión, puntos que habrán de convertirse en el eje de las investigaciones sucesivas, una vez que la tripartición entre «alta cultura», «cultura popular» y «cultura de masas» comience a disolverse debido al éxito de los postulados sobre el arte posmoderno.

En «The Detective and the Boundary: Some Notes on the Postmodern Literary Imagination», William V. Spanos sostiene una visión crítica acerca de la comercialización y la credibilidad del género policial en tanto literatura confortante y complaciente, el cual ha sido asimilado por los discursos periodísticos progubernamentales y por la retórica melodramática de los informes de la inteligencia estadounidense (CIA y FBI) para legitimar, entre otras acciones, la guerra de Vietnam, de tal forma que los sucesos relatados, sus razones y sus derivaciones, se asemejen a un guión de la serie televisiva *Mission Impossible*. Debemos considerar que en 1972, año de la publicación del ensayo, la discusión alrededor de la posmodernidad no había alcanzado aún el grado de difusión que lograría más tarde con algunos de sus textos más citados; así, no encontramos en «The Detective and the Boundary» la diferencia entre sociedad postindustrial y cultura posmoderna planteada por Jean-François Lyotard en *La condición postmoderna*, ni las conclusiones del examen realizado por Fredric Jameson en *El posmodernismo o la lógica cultural del capitalismo avanzado* sobre el «populismo estético» derivado de la arquitectura hacia las otras artes, ni el desglose de la relación potencial entre el posmodernismo y las ideologías neoconservadoras detallada por Jürgen Habermas. Al no poder recurrir a los postulados y polémicas que se desprenden de esos y otros textos, Spanos diseña un modelo teórico propio basado en la filosofía existencialista, de Kierkegaard a Sartre, para demostrar la *otra* vigencia del registro policial en la narrativa de mediados del siglo xx, específicamente en el *nouveau roman* y en la literatura del absurdo.

Tomando como referencia *El concepto de la angustia* de Søren Kierkegaard, Spanos argumenta que la literatura policial es atractiva porque convierte la angustia en miedo, es decir, traslada la sensación opresiva e inexplicable de la angustia al terreno asible, no ontológico y, por lo tanto, superable, del temor: «El relato policial tiene su fundamento en la certeza confortante de que un lúcido detective, privado o no, puede resolver el crimen con un final adecuado [...], de igual manera en que la "forma" del universo positivista "congruente" está sustentada en la certeza de que el científico y/o el psicoanalista pueden resolver cualquier problema que les sea presentado» (1972: 150). La cuestión es, entonces, reconocer y poner en duda las implicaciones totalitarias de la «estructura occidental de la conciencia» (*the Western structure of consciousness*); una vez que ha sido localizada esta falibilidad o inoperancia del modelo racional moderno dentro del arte contemporáneo, Spanos asegura que la imaginación posmoderna ha emprendido una subversión sistemática de las tramas hegemónicas (en el caso del policial, la estructura clásica). Sin detenerse demasiado en explicaciones puntuales, el autor menciona algunas obras que, según su consideración, cumplen con los parámetros que él mismo ha establecido: *El proceso* de Franz Kafka, *Molloy* de Samuel Beckett, *Les gommes* de Alain Robbe-Grillet, *Victimes du devoir* de Eugene Ionesco y *Brighton Rock* de Graham Greene, entre otros.

Para complementar esta exposición del artículo de Spanos, veremos cómo se manifiesta la subversión del canon del género policial clásico en una novela de Robbe-Grillet, *La doble muerte del profesor Dupont*[3] (*Les gommes*), siguiendo las ideas expresadas en «The Detective and the Boundary». Puesto que se trata de un texto perteneciente al movimiento francés del *nouveau roman*, la novela se propone crear una ilusión de totalidad respecto del mundo narrado, lo que, a su vez, debe acentuar la neutralidad perfecta buscada por los integrantes del movimiento. El afán totalizador no se logra mediante un narrador omnisciente al estilo naturalista, sino con el uso de una voz narrativa que, al tiempo en que sigue de cerca los movimientos de cada personaje, va encubriendo las acciones de éstos (es decir, las «pistas» que el relato policial acostumbra ofrecer en el transcurso de su historia), revelando más por lo que oculta que por lo que muestra, tanto para el lector como para el inspector Wallas, encargado de esclarecer el presunto asesinato del profesor Dupont. El profesor, advertido del ataque que se le aproxima, logra salvarse, pero tras el atentado se hace pasar por muerto para engañar a la policía y a sus agresores; mientras, el narrador oculta al lector por qué y quiénes tienen la intención de matarlo. Wallas, quien ha sido enviado desde la capital, sospecha de un personaje estrafalario que al parecer es hijo ilegítimo de Dupont, pero cuya posible culpabilidad es, para

---

[3] Publicada originalmente con este título por Seix Barral en 1956, esa misma traducción, de Jorge Petit Fonseré, fue reeditada como *Las gomas* por Anagrama en 1986.

el lector, sumamente remota. La investigación transcurre dentro del terreno de una incertidumbre creciente, e incluso la condición de forastero convierte a Wallas en sospechoso.

Un detective clásico, a pesar de las trabas, hallaría la verdad en el tiempo estipulado por las autoridades descartando una a una las pistas falsas, pero la obstinación del inspector lo obliga a suponer que el asesino volverá al lugar del crimen con el fin de recuperar el botín que no pudo llevarse la noche anterior. En efecto, el detective encuentra la verdad, pero una verdad a medias: quien regresa a la casa es el culpable del enredo (el profesor Dupont). Como es de esperarse, Wallas dispara al creerse acechado por el intruso. Para llegar a la verdad, esto es, para conocer al culpable, debe matar a quien fungió como víctima durante toda la historia, convirtiéndose en su asesino. A pesar de ello, no podemos hablar de un detective torpe, pues ha descodificado los indicios que tenía a su alcance, sino, en todo caso, de un quebrantamiento del *fair play* canónico en contra del protagonista, a quien se le ha brindado una menor cantidad de datos que al lector, testigo de la mala decisión de Wallas, pero sobre todo testigo de la desintegración del mito del poder analítico infalible. En conclusión, el imaginario literario posmoderno, de acuerdo con Spanos, tiende a desestabilizar la «estructura occidental de la conciencia» al recurrir a la historia antidetectivesca, «cuyo propósito formal es evocar las ansias de "detectar" y/o de psicoanalizar para después frustrarlas violentamente al rehusarse a solucionar el crimen (o hallar la causa de la neurosis)» (1972: 154); en última instancia, como sucede a Erik Lönnrot, el protagonista de «La muerte y la brújula» de Borges, es la confianza absoluta en la efectividad de los procesos racionales lo que condenará al detective (en tanto encarnación de la conciencia positivista) a ser desplazado de su rol de héroe al papel de la víctima o del asesino; es decir, asistimos a un desplazamiento de la hermenéutica positivista, que requiere la verdad pura y dura, hacia una hermenéutica de la sospecha. No se trata, sin embargo, de una extinción total de la primera, pues el detective y el lector contemporáneos, continúan en busca de verdades al menos subjetivas, incómodas o incluso incomprensibles.

Al aludir a la noción de posmodernidad en la literatura policial para explicar las tendencias de la narrativa de la segunda mitad del siglo XX, Spanos cimienta el rumbo de los enfoques teóricos y críticos posteriores. Ahora bien, ¿cómo fundamentar la decisión de atribuirle el adjetivo *posmoderno* a cierta literatura policial contemporánea? Aunque en el presente estudio no nos referiremos a las novelas analizadas como posmodernas, dado que nuestra investigación se basa en la metaficción (tendencia constructiva típica, mas no exclusiva, del posmodernismo literario), es necesaria una aproximación general a las características del relato detectivesco contemporáneo que pueden ser descritas con base en los postulados de las teorías sobre la posmodernidad. Como hemos visto, el sustento filosófico de la apreciación de Spanos (el existencialismo y la naturaleza de la angustia) está ligado con lo que pocos años más tarde Jean-François Lyotard llamaría «la incredulidad con respecto a los metarrelatos», esto es, la fisura y la eventual crisis sufridas por las ideologías que apuntalaban los discursos de la modernidad, toda vez que el saber se fundamenta en relatos, los «grandes cuentos de hadas ideológicos»: en primer lugar, el discurso del saber científico, pero también el del liberalismo capitalista y el de la utopía socialista. Puesto que «la verdad» deja de ser considerada unívoca, la labor del detective, que es desentrañar las relaciones ocultas entre el crimen y el criminal, queda nulificada o, en algunos casos, evidenciada como imperfecta, de tal suerte que el investigador no es ya la «máquina de pensar y de observar más perfecta que el mundo ha conocido», como Watson definía a Holmes, sino un personaje que tiende al anonimato, con una inteligencia promedio, a diferencia del detective clásico, y sin un código ético intachable y una marcada propensión a la actividad física, a diferencia del detective *hard-boiled*.

El empleo del calificativo *posmoderno* al referirse a una parte de la literatura policial contemporánea puede ser también justificable si tomamos en cuenta la legitimación del género frente al canon literario, es decir, gracias al «desvanecimiento de la antigua frontera entre la cultura de élite y la cultura comercial o de masas» (Jameson 1991: 12). En el dominio de la ficción de detectives, dicho proceso de disolución de la «frontera», que aún es perceptible en el estudio de Todorov, no tiene su fundamento, o al menos no en su totalidad, en la revaloración de textos policiales del género clásico; por el contrario, se basa en el supuesto de que un autor canónico (cuyos escritos no sólo se circunscriben a la narrativa policial, sino que ésta es una de las muchas ramificaciones de su obra literaria), valiendo su condición de autoridad, otorga su prestigio a uno de los géneros o registros que emplea en sus textos, creando así una especie de silogismo propagado entre la crítica: «Si Borges, Nabokov y Robbe-Grillet escribieron relatos policiales, significa que no toda la literatura policial es un género de masas». ¿Cómo hacer patente las diferencias entre una (la de consumo) y la otra (la que escriben autores canónicos)? Pues atribuyéndole –sería la respuesta más extendida– el calificativo «posmoderno», con lo cual, de paso, se elude la discusión alrededor de su posible pertenencia al rango de la paraliteratura. ¿Y qué pasa si Robbe-Grillet, Nabokov y Borges escribieron sus textos a mediados del siglo xx? Entonces se les denomina posmodernos *ante litteram*. Considero que la aplicación del adjetivo es efectiva cuando se sustenta en algunas de las teorías de la posmodernidad y que funciona como recurso para definir los aspectos estructurales e ideológicos, entre muchos otros, que prevalecen en la obra de los tres autores citados, o en la de Boris Vian o de Italo Calvino, por sugerir otro par de ejemplos; no obstante, hay que reconocer la facilidad con que se tiende a asignar el carácter posmoderno a la literatura policial contemporánea «de calidad», aquella que «vale la pena ser analizada», un poco para quitarle el peso del prejuicio existente, pero también para maquillar, para hacer más políticamente correcta, la todavía usual diferenciación entre la alta cultura, la cultura popular y cultura de masas que subyace en la mayoría de los trabajos especializados en el tema, al menos en América Latina.

Aunque es prácticamente inevitable la alusión a la posmodernidad al referirse a la novela policial contemporánea, es factible utilizar sus postulados teóricos para enriquecer y arrojar luz sobre los principales aspectos de dicha narrativa, como lo hace Stefano Tani, quien propone el nombre «novela anti-detectivesca». La estrategia del análisis retoma, en efecto, la tesis central del artículo de Spanos en lo que respecta a la necesidad, ya superada, de otorgar un final satisfactorio a la pesquisa narrada. Tani, al igual que Todorov, distingue dos vertientes paradigmáticas de la literatura policial, la «racional» y la «irracional», *poesque* y *non-poesque*, respectivamente. La primera, ligada al proceso de detección, está representada por la escuela británica (de Wilkie Collins al *London Detection Club*), mientras que la segunda, la cual privilegia el relato de la violencia durante la investigación del caso, está ejemplificada por la tradición estadounidense (aunque no exclusiva de ese entorno) del *hard-boiled*. Hasta este punto, salvo por la terminología, no hay mayores diferencias entre Tani y los críticos que lo anteceden; sin embargo, el teórico de origen italiano introduce una perspectiva que atenúa la oposición, a primera vista insalvable, entre lo «racional» y lo «irracional». De acuerdo con su estudio de la historia literaria del policial, Tani argumenta que, desde Poe, existe una tensión entre ambos impulsos, la cual es visible en el primer relato del ciclo de Auguste Dupin, «Los asesinatos de la calle Morgue»: la irrupción de la barbarie (el orangután de la isla de Borneo) en el centro de la civilización (el cuarto piso de un edificio parisino). En los dos cuentos sucesivos de la serie, el animal exótico será reemplazado por un asesino y por un ladrón de cartas, y sin embargo la dualidad racional-irracional permanece y toma un cariz de sofisticación tal que se considera al criminal como la parte creativa del acto, retomando el tópico literario del crimen como hecho estético, materia difundida, con éxito y polémica, por Thomas de Quincey en su ensayo «On Murder Considered as one of the Fine Arts» (1827).

Está claro que en este doble código la parte solucionadora corre por cuenta del detective; no obstante, en ambas formas de literatura policial reconocidas por Tani (*poesque* y *non-poesque*) coexisten lo racional y lo irracional: dependiendo del modelo, el relato se decanta hacia uno u otro impulso, sin que esto implique una total eliminación del opuesto. Tani sugiere que esta misma tensión de opuestos es percibida en los personajes protagónicos de otros cuentos de Poe, como «Ligeia», «William Wilson» y «La caída de la casa Usher», pues «en estos tres relatos Poe dramatiza, de una u otra forma, lo que él considera la paradoja de la creatividad, la certeza psicológica de que la creación acarrea la destrucción, una destrucción, en última instancia, del artista mismo» (1984: 14). Esta hipótesis puede ser ampliada al estudio del personaje literario del detective, el cual se sustenta en un juego de oposiciones semejante. Sherlock Holmes, por ejemplo, está configurado bajo el modelo del gentleman inglés de la época victoriana, de tendencias políticas conservadoras y partidario del imperio británico; en cuanto a sus habilidades artísticas, se revela como un destacado compositor y ejecutante de violín. Para llevar a cabo su labor de detective consultor ha acumulado una gran cantidad de datos sobre anatomía, botánica y química; su erudición autodidacta, a diferencia de la manera en que se adquiere el saber científico sistematizado, procede de la apropiación indiscriminada de conocimientos pragmáticos que lo llevan a desarrollar su «ciencia de la deducción y del análisis» que, en otras palabras, sería la conjunción de la *logica utens* y la *logica docens*[4]. A pesar de encarnar los valores de una sociedad inmersa en el dominio de la razón, Holmes, no obstante, presenta rasgos de irracionalidad. Además de su conocida misoginia y de sus prejuicios raciales (que, según las costumbres de la época, no son tan anormales), el detective es adicto a lo que conocemos hoy como drogas duras, cocaína y morfina; sus hábitos de caballero se transforman cuando frecuenta los barrios obreros, donde es considerado uno de los mejores boxeadores, pero, sobre todo, cuando procede

---

[4] Según Thomas Sebeok y Jean Umiker-Sebeok, «la *logica utens* o sentido rudimentario de lógica-al-uso [...] es un cierto método general por el que cada uno llega a la verdad sin, no obstante, ser consciente de ello y sin poder especificar en qué consiste el método, y un sentido más sofisticado de la lógica, o *logica docens*, practicada por lógicos y científicos [...], que puede enseñarse autoconscientemente y es, sin embargo, un método, desarrollado teóricamente, de descubrir la verdad» (1994: 75). Por otro lado, ambos semióticos señalan que el método de investigación aplicado por Holmes no es el deductivo, sino el abductivo, mismo que ha sido teorizado por el filósofo estadounidense Charles S. Pierce.

a recabar indicios en el lugar del crimen, pues toma la actitud y la postura de un animal guiado por su instinto, a tal punto que llega a perder momentáneamente el habla (el sabueso como prosopopeya del detective). Así, gran parte del éxito de la saga de este personaje, y de muchos otros investigadores, radica en la tensión oculta entre el ímpetu de destruir y el de reconstruir, tanto en la secuencia de las tramas como en el ámbito interno del protagonista, ya sea éste un detective o un delincuente.

Sentadas las bases de ambas vertientes tradicionales del policial, Tani procede a explicar las características del relato antidetectivesco, el cual recupera convenciones de la narrativa «racional» y de la «irracional», cuyos «clichés son como las piezas de repuesto de un auto viejo que ya no funciona pero, si son vendidas como partes sueltas, aún pueden ser útiles» (1984: 34). El surgimiento de la novela antidetectivesca está enmarcado por la culminación de la segunda guerra mundial, una vez terminado el apogeo de la novela policial inglesa y la novela negra estadounidense durante el periodo de entreguerras. El desgaste derivado de la automatización de ambas fórmulas, según Tani, provoca la creación de principios constructivos opuestos, principalmente en lo que concierne a la total solución del misterio, que es sustituida ya sea por una solución parcial, ya sea por una solución «suspendida» o incluso por una inverosímil (a las que podríamos añadir la solución azarosa), todas ellas insatisfactorias desde el punto de vista de las pautas del relato policial *poesque* y *non-poesque* y del de sus lectores.

La línea de argumentación sobre la que descansa la teoría de la novela antidetectivesca es, pues, la ausencia de una solución «sensacional» asegurada de antemano, construyendo una narración policial invertida que «frustra la expectativas del lector, transforma un género mediático en una expresión sofisticada de la sensibilidad vanguardista, y sustituye al detective, en tanto personaje central y organizador, al admitir el sentido descentralizado y caótico del misterio» (Tani 1984: 40). Toda vez que esta condición ha sido subvertida, el relato policial convencional, que es una *ficción de certezas*, da paso a la novela antidetectivesca, una *ficción de posibilidades*. Vladimir Nabokov, Alain Robbe-Grillet y Jorge Luis Borges son, de acuerdo con lo expresado en *The Doomed Detective*, los primeros autores que escriben novela antidetectivesca. El hecho de que narradores de distintas nacionalidades opten por una estrategia semejante para elaborar tramas policiales corresponde a un espíritu de época, una «sensibilidad posmoderna» que, para los fines de su estudio sobre ficción de detectives, Tani describe como una atmósfera cultural y literaria carente de un centro unificador, lo cual se manifiesta en los relatos que nos ocupan por medio de la ya mencionada ausencia de solución. Así, la novela antidetectivesca no es una continuación del género, sino una mutación de éste, resultado de la descentralización y deconstrucción del código convencional de la escuela británica y de la novela negra; no obstante, desde una perspectiva distinta, basándome en mi hipótesis que diferencia el *género* del *registro*, creo que tanto los textos paradigmáticos de la novela antidetectivesca como muchos otros posteriores —entre los que se encuentran las novelas metaficcionales que serán analizados— no presuponen una metamorfosis del género, sino un empleo del registro de la narrativa de detectives que da un sentido distinto a las formas canónicas: el reconocimiento de discursos históricos no oficiales, la tematización de un lector-partícipe que organice el relato o la (todavía moderna) concepción del documento escrito como portador de un conocimiento (mas no de *la* verdad), con lo cual, como aduce Tani, se logra una ficción de posibilidades más que una de certezas concretas.

Hemos adelantado que la vigencia de este libro en el entorno latinoamericano continúa presente hasta la primera década del siglo XXI, pues además de demostrar la pervivencia de la literatura policial tras el agotamiento de las convenciones estructurales de la novela de enigma y la novela negra trae a discusión el empleo de la parodia, no en un sentido satírico propiamente, sino entendida como una estilización lúdica e incluso de homenaje con respecto a las dos formas canónicas; de hecho, la obra de Tani ha tenido el arraigo suficiente en los estudios posteriores que la denominación «novela antidetectivesca» suele tomarse ya como una vertiente más de las literaturas policiales. Antes de continuar con la revisión de los estudios más recientes que toman como base las hipótesis de Stefano Tani, observaremos una corriente de crítica distinta, de tendencia interdisciplinaria, la cual pone en evidencia otros aspectos que inciden en la literatura policial contemporánea.

A partir de la década de 1990 la ficción detectivesca ha sido objeto de estudio de las teorías poscoloniales. En *The Post-Colonial Detective* se reúnen trabajos basados, más que en la teoría, en las preocupaciones propias de los estudios de esta índole. Es cierto que en la docena de artículos que componen el libro se retoma a los pensadores paradigmáticos de los estudios poscoloniales, Gayatri Spivak, Edward Said y Homi Bhabha, pero en general las argumentaciones recaen en las situaciones particulares de las naciones donde surgen los textos literarios sujetos al análisis, siendo el hilo conductor las consecuencias de la experiencia colonial de ese territorio determinado. Las posibilidades de este campo de estudio son tan amplias que en dicha compilación no sólo se incluyen textos críticos sobre literatura de la Commonwealth, de los territorios de ultramar franceses o de las excolonias españolas, sino también a propósito de la narrativa de países como China y España, estudios justificados, en el primer caso, por la sujeción al canon occidental en las novelas chinas de detectives (otra forma de colonización, puesto que en China, antes de Poe, existía una larga tradición de relatos sobre resoluciones judiciales), mientras que en el caso español, tomando el franquismo como referencia de colonización (y, por ende, la imposición de la lengua de Castilla durante ese periodo), son analizadas novelas policiales recientes escritas en catalán, gallego y vasco. Debido a que los estudios poscoloniales engloban una vasta temática, compuesta por fenómenos como la esclavitud, la migración, la educación, la reincorporación de las culturas autóctonas, la noción de identidad o el desarraigo (temas que, por otro lado, pueden ser adaptados a prácticamente cualquier entorno bajo el supuesto de que aun dentro de las potencias colonizadoras existen colonias internas), Ed Christian, editor y autor del ensayo introductorio de *The Post-Colonial Detective*, propone cuatro maneras de acercarse a la narrativa policial desde el enfoque postcolonialista.

En primer lugar, Christian observa que los análisis pueden versar sobre *el proceso y las dificultades de la detección en regiones poscoloniales*, es decir, en qué medida las convenciones de la narrativa policial (sobre todo la estadounidense y la británica) deben ser modificadas para que los procedimientos policiacos descritos sean verosímiles en el nuevo contexto. Una segunda aproximación se centraría en *el personaje del detective y su método*, con el fin de entender cómo el protagonista logra combinar el conocimiento cultural propio con los sistemas de investigación occidentales. Bastante cercana a este tipo de análisis, la tercera proposición se cimienta en la valoración crítica del *investigador como figura marginal*, pues se trata de un personaje cuya labor no tiene el mismo prestigio del que goza, al menos en el imaginario colectivo, el detective privado de las naciones industrializadas. Por último, existe la posibilidad de examinar *las circunstancias de los autores de narrativa policial*, sus expectativas de publicación y de aceptación, tanto en sus países de origen como en el exterior, con lo cual se señala y acentúa, nuevamente, la relación centro-periferia que, en términos culturales, no ha sido superada por completo.

En un esfuerzo por sintetizar las características relevantes del detective literario asentado en un país poscolonial, Ed Christian ofrece un retrato global de este tipo de personajes:

> Los detectives poscoloniales siempre son nativos o habitantes del país donde trabajan; de alguna manera, suelen ser marginados, lo cual afecta su capacidad para

desempeñarse con todo su potencial; son personajes centrales y comprensivos, y el interés de sus creadores normalmente recae en la exploración de cómo las actitudes culturales de estos detectives influyen en sus acercamientos a la investigación criminal. [...] Los detectives poscoloniales, al enfrentarse con el crimen desde una sensibilidad especial realzada por su situación marginal, son particularmente agudos para notar las contradicciones sociales, ya que siempre han sido explotados por ellas. (2001: 2)

Los ensayos del libro en cuestión abordan diversas obras policiales, tanto de género como de registro, desde un cauce ya no sólo estructural, como sucede en los estudios que hemos descrito previamente, sino desde una óptica que también discute las encrucijadas históricas particulares de cada territorio y sus repercusiones en la novelística y en los escritores. Así, la perspectiva poscolonial puede ser aprovechable al revisar textos como, por sugerir algo, *X-Teya, u puksi'ik'al koolel. Teya, un corazón de mujer* (2008) de Marisol Ceh Moo, novela de edición bilingüe maya-español que narra los sucesos alrededor del asesinato de Emeterio Rivera, abogado y activista social yucateco. En un caso como éste, dejando aparte la valoración estética del libro, sería pertinente reflexionar sobre las condiciones «marginales» en que se origina el texto: la lengua maya frente a la predominancia del español en México; la escritora frente a una mayoría masculina en los círculos de creación literaria, y el *political-thriller* como una fórmula totalmente ausente en las letras indígenas. O, desde un panorama más amplio, los estudios poscoloniales, de igual forma, demostrarían su viabilidad al examinar la peculiar aparición de la novela policial cubana revolucionaria, un género instaurado «por mandato» gracias a la serie de concursos convocados por el Ministerio del Interior a partir de 1972. Si consideramos que esta narrativa, además de erigirse abiertamente como una fórmula didáctica, intenta cambiar la imagen del detective individualista del capitalismo por una agrupación policiaca representante del pueblo en el poder, y que el mayor defecto de su contraparte, el delincuente, no es ser un asesino, sino un antirrevolucionario, estamos, en efecto, frente a una curiosa apropiación de la novela de enigma y de la novela negra, una variante de la ficción de detectives que de ninguna manera podría haber surgido en una coyuntura histórica distinta.

No obstante, así como argumentamos acerca de la fácil disposición del término *posmoderno* para la literatura policial que no es «de género», creemos que existe el riesgo de caer en el supuesto reduccionista de que todo relato (policial o no) surgido en un entorno con experiencias coloniales está condicionado por dicha situación. Sin descalificar sus líneas de investigación, me parece apresurado atribuir a la experiencia colonial las características aducidas por Christian a cualquier ficción policial aparecida en estos contextos, pues no toda la narrativa detectivesca escrita en una excolonia se ajusta a su descripción, mientras que esa misma descripción, debido a su amplitud, puede ser utilizada para referirnos a obras y a autores insertos en el corazón de la metrópoli.

Ejemplo claro de esto sería el escritor negro Chester Himes (1909-1984), uno de los autores clásicos de la novela *hard-boiled* norteamericana, a la par de Hammett, Chandler y Ross MacDonald. Oriundo de Missouri, Himes purgó condenas en la cárcel durante varios años, desde donde empezó a publicar sus primeros cuentos. Su ciclo narrativo, protagonizado por los policías de Harlem *Grave Digger* Jones y Ed *Coffin* Johnson, constituye una crítica directa a las falencias en la comunicación entre los distintos grupos económicos, étnicos y religiosos que conviven en la ciudad más importante de los Estados Unidos. La consigna de su método es axiomática: «Existen leyes para los blancos y leyes para los negros» (Himes 2008: 27), una afirmación que evidencia la sombra del esclavismo abolido cien años atrás. Dicho lo anterior, Himes, sus dos personajes y el método de éstos, serían material idóneo para los estudios poscoloniales; pero, por otro lado, ¿cómo justificar su inclusión en ellos, si los textos fueron escritos bajo un esquema canónico (la novela negra) y en un inglés norteamericano, neoyorquino, para mayores referencias? De ser esto posible, prácticamente todas las narraciones sobre detectives, desde Poe hasta Henning Mankell, presentarían rasgos suficientes para que las considerráramos dentro del ámbito poscolonial.

En breve, los estudios poscoloniales llevados al análisis de la literatura policial pueden caer en un relativismo que deje al margen aspectos significativos desde la perspectiva literaria, como las combinaciones estructurales y las posturas ideológicas (sin recurrir a la culpabilización sistemática). La cuestión es, entonces, determinar hasta qué punto es aceptable y útil la denominación *poscolonial*, si, como se sabe, la marginalidad es uno de los sustentos de la configuración de cualquier protagonista de novelas policiales.

Para adentrarnos en el contexto geográfico de nuestra investigación revisaremos las propuestas principales del estudio *La novela detectivesca posmoderna de metaficción: cuatro ejemplos mexicanos*, de Kseniya A. Vinarov, publicado en 2006. Los ensayos que integran el libro versan sobre las novelas mexicanas contemporáneas *Estación Tula* de David Toscana, *El temperamento melancólico* de Jorge Volpi, *La milagrosa* de Carmen Boullosa y *Éste era un gato* de Luis Arturo Ramos, análisis que parten del supuesto de que dichos textos encajan en la categoría «novela detectivesca posmoderna de metaficción». Antes de ofrecer aquí la definición del término combinatorio creado por Vinarov, trataremos de dilucidar a qué refieren cada uno de los apelativos que lo componen.

En primera instancia, el uso del adjetivo *detectivesco* se apega a la tradición anglosajona (*detective fiction*), el cual aglomera las vertientes clásica y negra, así como sus ramificaciones (novela de espionaje, de investigación forense, de temática histórica, etcétera), es decir, lo que aquí llamo literaturas policiales. El motivo por el cual algunos críticos prefieren el término *detectivesco* al *policial* o *policiaco* (este último sobre todo utilizado en el ámbito de la narrativa española) es porque alude al proceso de detección relatado en la obra, mientras que los otros dos remiten de forma directa a la institución oficial de impartición de justicia. (En nuestro caso, como es claro, utilizamos *detectivesco* y *policial* sin mayores distinciones, en tanto que *policiaco/a* se emplea al hacer referencia a las actividades de la policía.) Para justificar el carácter posmoderno de las novelas que analiza, Vinarov toma como fuente teórica el estudio de Stefano Tani; de ahí que la ausencia de solución, por los motivos expuestos páginas atrás, sea la instancia que funciona como anclaje en la estética posmoderna. Por otro lado, se apoya en una breve reflexión que Leonardo Padura sostiene en un artículo sobre novela policial: «[C]iertas características del arte posmoderno muy pronto serán incluidas entre las cualidades del neopolicial: su afición por los modelos de la cultura de masas, su visión paródica de ciertas estructuras novelescas, [...] y esa mirada superior, francamente burlona y desacralizadora, que lanzan sobre lo que, durante muchos años, fue la semilla del género: el enigma» (citado por Vinarov 2006: 21). Para Vinarov, entonces, basta la eliminación de una estructura rígida y del enigma para que un relato detectivesco sea considerado posmoderno, algo que difícilmente puede ser rebatible, y que sin embargo elude las valoraciones de índole epistemológica e ideológica a las que puede ser sometida la literatura policial (posmoderna o no). En cuanto a la metaficcionalidad de las novelas en cuestión, el ensayo de Vinarov se centra en la necesaria implicación del receptor para otorgarle sentido al texto, de tal suerte que «la novela se convierte en el crimen principal que tiene que ser investigado por el lector, quien asume el papel del detective. Las claves [...] están dispersas entre varios niveles del texto, cuya jerarquía escapa a cualquier definición final» (2006: 22). Fuera de esta aseveración, que perfila el rumbo de los análisis de las cuatro novelas, no encontramos en el libro mayores sustentos teóricos a propósito de la metaficción, ni, como podría parecer idóneo al emprender un estudio de esa naturaleza, referencias a las herramientas proporcionadas por la estética de la recepción. Así pues, la novela detectivesca posmoderna de metaficción, de acuerdo con Kseniya Vinarov,

> supera los límites de un género que siempre ha sido muy cerrado. Altera las reglas, mezcla y dispersa los componentes, elimina la idea de un orden final, de la resolución concreta, de la armonía restablecida. Al mismo tiempo multiplica los niveles de la narración, crea trasfondos ocultos, establece nexos inesperados y rompe conexiones tradicionales. Como resultado, se abre para contactos con otros géneros literarios y los textos múltiples de la literatura universal, lo que determina [su] naturaleza esencialmente abierta. (2006: 14)

Llama la atención el frecuente manejo de la noción de «superación», de «mutación» del género policial al aludir a novelas que no repiten las fórmulas hegemónicas; sin embargo, valdría la pena reflexionar si no se trata más bien de un empleo distinto del registro policial, en el cual subyacen, sobre todo en la narrativa latinoamericana, contenidos de orden político, o quizá como una ampliación de los horizontes estructurales de la novela social. En cualquier caso, el libro *La novela detectivesca posmoderna de metaficción* constituye un claro ejemplo de las posibilidades analíticas en torno a la literatura policial de América Latina, una serie de ensayos que no se quedan en el nivel temático de las diégesis, sino que intentan apelar a categorías teóricas para enriquecer las lecturas de las novelas abordadas. En nuestra investigación, además de recurrir a la hipótesis contenida en el libro de Vinarov sobre el lector como instancia co-creadora del texto, trataremos de demostrar que el enigma, lejos de ser eliminado de la narración, se desplaza del «quién es el culpable» al «dónde está el texto ausente» (y, ante todo, las razones de dicha ausencia), de ahí que retomemos el postulado básico de las teorías sobre la metaficción, es decir, la escritura sobre el proceso de escritura, o la «ficción sobre ficción».

El creciente interés en los estudios sobre la narrativa de detectives escrita en el contexto que nos ocupa se ve reflejado en *La novela policial alternativa en Hispanoamérica* (2008), tesis doctoral de Diego Trelles Paz, cuya hipótesis central radica en la demostración de la existencia de una ficción policial propia, aunque no exclusiva, de Latinoamérica, producto de una serie de desvíos en relación con los cánones del relato de enigma y de la novela negra. La denominación creada por el autor, según sus palabras, «hace referencia a la posibilidad de abordar el género desde una perspectiva distinta y novedosa, adoptando caminos alternos que reformulen o anulen algunos preceptos básicos de las matrices genéricas» (2008: 324); para elaborar dicha propuesta, se presentan las diferentes etapas evolutivas de esta «corriente emergente» de la literatura policial, es decir, los pasos de la conformación de un modelo que se verá cristalizado en la novela *Los detectives salvajes*, a la que se dedica el último y más abundante capítulo del trabajo.

De acuerdo con lo observado en la tesis, la historia de esta modalidad es enteramente lineal (de Borges a Bolaño), por lo que la investigación inicia con el estudio de las obras «precursoras del desvío», *The Buenos Aires Affair* de Manuel Puig, *Ensayo de un crimen* de Rodolfo Usigli, *Morirás lejos* de José Emilio Pacheco y «La muerte y la brújula» de Jorge Luis Borges. La exposición continúa con las primeras «novelas policiales alternativas» (aquellas que están en proceso de cumplir los requerimientos de la definición establecida por Trelles): *Los albañiles* de Vicente Leñero, *Las muertas* de Jorge Ibargüengoitia y *Nombre falso* de Ricardo Piglia. Como podemos observar, ninguna de las obras aludidas se inscribe dentro de la literatura «de género» o formulaica, puesto que se trata de una reformulación y subversión de los dos patrones clásicos con el fin de adaptarlos a una realidad distinta a la de su origen. La «novela policial alternativa», así, no es un nuevo género, sino lo que Trelles Paz llama un «antigénero», esto es, una narrativa construida a partir del contraste con el género matriz, aseveración que sigue un razonamiento similar al de la novela antidetectivesca explicada por Tani en *The Doomed Detective*.

La descripción de este modelo pone énfasis en la idea de regeneración de los parámetros habituales a fin de lograr una versión particular que, no obstante, continúa vinculada a una tradición, de tal suerte que la novela policial alternativa queda definida como una «rama del género policiaco cultivada en los países hispanoamericanos que reformula, invierte, o bien, elimina algunos de sus elementos canónicos, al mismo tiempo que incorpora […] mecanismos de la narrativa contemporánea, con el fin de adaptarlo a una lógica más cercana y verosímil a la de sus propias realidades» (Trelles Paz 2008: 144). Para una mayor comprensión del objeto de estudio, esta definición se complementa con ocho convenciones presentes en el antigénero referido, las cuales resumimos a continuación: *1)* la novela policial alternativa carece de la figura del detective o desplaza su protagonismo; *2)* en ellas, el enigma ya no está intrínsecamente ligado a un delito; *3)* se permiten los finales abiertos y las investigaciones irresueltas; *4)* existe una conciencia autoral de la reformulación del género policial; *5)* predomina la idea de la lectura como parte de la creación; *6)* se incorporan las técnicas narrativas basadas en la oralidad; *7)* hay una visión crítica de la sociedad, y *8)* tiende a mezclar los géneros literarios y a confundir la realidad con la ficción (2008: 141-146).

De estas ocho convenciones, al menos las primeras tres han sido ya analizadas a profundidad por Stefano Tani e incluso por Spanos (a quienes Trelles Paz no cita), mientras que el resto, en menor o mayor medida, son los fundamentos de la investigación de Kseniya Vinarov mencionada líneas arriba, es decir, aquellas prácticas relacionadas con la metaficcionalidad de las obras (el lector co-creador de la pesquisa, la problematización del vínculo realidad-ficción y la autoconciencia del texto). Al tratarse de un estudio evolutivo de esta variante del policial, *La novela policial alternativa* consigue atar con solidez los hilos que han conducido el proceso de aclimatación de la literatura detectivesca al contexto hispanoamericano, una historia literaria crítica-valorativa de bastante utilidad para los interesados en el tema. Por otro lado, debemos resaltar el análisis pormenorizado de *Los detectives salvajes*, el cual logra condensar una gran cantidad de aspectos de esta novela que, según Trelles, sería el epítome del antigénero. Paradójicamente, es este, quizá, el principal punto por cuestionar, pues da la impresión de que no sólo estamos frente a un estudio diacrónico de la narrativa de detectives en Hispanoamérica, sino frente a un tratado sobre influencias y precursores de un texto (mismo que se ajusta a la perfección al modelo narrativo diseñado), pues una de las conclusiones del proyecto sostiene que «*Los detectives salvajes* es una novela policial alternativa redonda que emplea *todas* las convenciones y los juegos literarios de mi antigénero y termina convirtiendo al lector en *otro* detective» (2008: 327. Énfasis del original). La pregunta sería, entonces, en qué medida podría seguir siendo factible la denominación «alternativa» si, en efecto, existe ya una obra que responde a cada una de las convenciones estipuladas (o, lo que es más, hasta qué grado dichas convenciones han sido sustraídas de esta novela), ya que, de ser así, entraríamos en el conflicto de tener que catalogar como «policial alternativa» a toda narración cuyo parámetro comparativo ideal sea *Los detectives salvajes*, con lo cual volveríamos al punto de arranque de este segmento, pues, parafraseando (modificando entre corchetes) una de las citas de Todorov, «la novela policial [alternativa] por excelencia no es aquella que transgrede las reglas del [anti]género, sino la que se ajusta a ellas».

Queda patente en qué forma, a lo largo de los últimos cincuenta años en la historia de la crítica sobre literatura policial, ha sido superado el debate en torno a la clasificación de esta narrativa como paraliteratura; si para Todorov este tipo de ficción es «literatura menor», y para los estudios poscoloniales se trata de un esquema marginal dentro de los estudios literarios, para Trelles Paz se encuentra en la intersección entre la literatura culta y la de arraigo masivo, misma percepción que será manejada en el transcurso de este trabajo. Por otra parte, vistos los aportes logrados por los autores que hemos revisado, partiremos de una concepción que intente recuperar los aspectos más relevantes de cada uno de ellos, desde los enfoques puramente formales hasta aquellos que pongan las obras en diálogo con el devenir específico en que se desarrollan sus tramas. Sin embargo, en estas páginas no se propondrá ninguna nomenclatura que categorice nuestro corpus de novelas, ya que todas ellas tienen algo de posmoderno, de poscolonial, de alternativo, de metaficcional y de antidetectivesco; así, nuestra investigación se sustentará en la noción expuesta al inicio de este capítulo, aquella referente al registro y al género policiales, sin que dicha diferenciación comprenda una suposición de mayor o menor legitimidad o calidad entre alguno de los dos, de un estadio superior de uno frente al otro. Dicho lo anterior, entonces, ¿qué tan preciso es seguir adjudicando a las obras aquí estudiadas el holgado término «novelas policiales»? Al ser este uno de los principales cuestionamientos sobre el que habremos de problematizar en lo subsiguiente, esbozaremos el planteamiento bajo el cual iremos guiando nuestro trabajo: de igual manera en que las novelas de espionaje y aquellas cuyo tema es el del bandido justiciero, por poner sólo dos ejemplos, están englobadas dentro de las literaturas policiales, los textos que se apropian del registro de este tipo de ficción requieren, también, de un pacto de lectura compartido con todas las demás variantes, uno cuya raíz se encuentra en los cuentos protagonizados por Auguste Dupin y que, como hemos mencionado, se basa en la protensión ficcionalizada. Este trabajo, por lo tanto, se aboca a una parcela del amplio universo de la narrativa de detectives, aquella que emplea su registro y, para mayor exactitud, ostenta como enigma de la pesquisa la pérdida o ausencia de un documento escrito, algo muy cercano a lo que en el ámbito anglosajón se denomina *bibliomystery*.

Teoría(s) de la metaficción

I.

> Escribo. Escribo que escribo. Mentalmente me veo escribir que escribo y también puedo verme ver que escribo. Me recuerdo escribiendo ya y también viéndome que escribía. [...] También puedo imaginarme escribiendo que ya había escrito que me imaginaría escribiendo que había escrito que me imaginaba escribiendo que me veo escribir que escribo.
>
> Salvador Elizondo, «El grafógrafo»

Escribir sobre el acto de la escritura supone una paradoja análoga a la simbolizada por la imagen circular del uróboros: el animal, dragón o serpiente, que comienza a engullirse a sí mismo desde la cola. Como toda paradoja, el icono del uróboros reclama la lectura simultánea de una aseveración afirmativa que al mismo tiempo niega la validez de dicha aseveración; en sentido estricto, no sólo se trata de la anulación de un enunciado finito (p. ej.: «Holmes: "Todo lo que Moriarty dice es falso". Moriarty: "Todo lo que Holmes dice es cierto"»), sino del estímulo a la reflexión sobre la imposibilidad de arribar a una resolución concluyente, unívoca. De igual forma, un ejercicio narrativo que explore el tema de la creación literaria tiende, o por lo menos aspira, a develar los mecanismos que lo conforman en tanto objeto artístico. Estos mecanismos, técnicas o procedimientos de elaboración, que llegan a ser por sí mismos la obra, ponen de manifiesto, a su vez, la condición de artificialidad inherente a todo texto literario, con lo cual problematiza la relación entre ficción y realidad. Como se aprecia en el epígrafe que antecede a este párrafo, el narrador va refiriendo su acción inmediata anterior, ampliando así la espiral de autorreferencialidad del texto hasta que, llegado el punto, el grafógrafo vuelve marcha atrás en su tentativa por «imaginarse» lo previamente imaginado, visto, recordado y escrito, construyendo así un dibujo textualizado que, como el uróboros, remite de manera directa a la autofagia.

Narrativa autofágica es, en efecto, una de las distintas nomenclaturas bajo las cuales se ha intentado abordar el estudio de la serie de procedimientos narrativos que señalan el carácter autoconsciente de un relato[5]. Dentro de los escritos

---

[5] En *Autofagia y narración: estrategias de representación en la narrativa iberoamericana de vanguardia* (2003) Yanna Hadatty Mora analiza distintas obras vanguardistas publicadas entre

teóricos dedicados a esta clase de narrativa ha existido un amplio abanico de términos que la designan, los cuales, más que descartarse mutuamente, han contribuido a perfilar en su conjunto, gracias a sus diferentes aportaciones, la teoría general de lo que llamamos metaficción.

De acuerdo con las investigaciones realizadas por los teóricos de la metaficción, el vocablo, como tal, proviene del artículo «Philosophy and the Form of Fiction» (1970), de William Gass, a partir de la siguiente cita: «Muchas de las obras denominadas antinovelas son, en realidad, obras de metaficción» (citado por Dotras 1994: 12)[6]. Para lograr una comprensión adecuada de la frase de Gass, es necesario recordar que, en el contexto de la aparición del ensayo, el principal debate en torno al futuro de la novela se hallaba, si no trabado, al menos polarizado entre quienes anunciaban un agotamiento del género novelístico[7] y quienes, por el contrario, matizaban dicha actitud apocalíptica arguyendo que no se trataba de una negación del género de la novela, sino de las convenciones de la narrativa propia del realismo decimonónico. Lo que Gass quiere dejar en claro es que la categoría «antinovela», utilizada para referirse a la narrativa que recurre a la tematización de la creación y de la crítica literaria, resulta demasiado difusa, de tal suerte que opta por acuñar el término *metaficción* a fin de esclarecer, al menos de forma tentativa, los elementos que otorgan identidad a un tipo de relato caracterizado principalmente por su conciencia manifiesta de ficcionalidad y, con ello, de su reflexión autocrítica.

La aceptación del término, en el contexto teórico y literario estadounidense de la década de los setenta del siglo XX, se empalma con el surgimiento, ascenso y difusión de las ideas en torno a la posmodernidad; en consecuencia, no es de extrañar que, para la crítica de la época, exista una especie de sinonimia entre narrativa posmoderna y metaficción, toda vez que ésta, sin duda, se afianza

---

1922 y 1935 que, a su juicio, manifiestan la «crisis general del contrato mimético realista». A partir del corpus elegido, Hadatty plantea el cambio de la noción de *representación* en la modernidad literaria latinoamericana, la cual confronta a la tradición representacional objetivista del realismo mimético, dado que «en este conjunto de obras [autofágicas] predomina la construcción metadiegética o abismada, que reproduce en su seno la relación extraliteraria autor-lector, [y] que emerge muchas veces de manera fragmentaria resultando en una apariencia inacabada» (2003: 154).

[6] «Many of the so-called antinovels are really metafictions».

[7] Véase «The Literature of Exhaustion» (1967) de John Barth, artículo en que el crítico y novelista estadounidense expone sus puntos de vista sobre el agotamiento del género novelístico. Su propuesta, en líneas generales, versa sobre las posibilidades que la metaficción (el crítico como novelista, la novela como imitación de la novela, y no de la realidad) puede ofrecer para «solucionar» el dilema de dicha situación «ultimativa».

como uno de los modos de escritura «predilectos» de la posmodernidad, pues «aunque la narrativa de metaficción es sólo una de las manifestaciones del posmodernismo, casi toda la literatura experimental contemporánea despliega *algunas* estrategias metaficcionales explícitas» (Waugh 1984: 22)[8].

La serie de denominaciones con que los diferentes estudios caracterizan la ficción sobre ficción (novela autofágica, *fabulation*, antinovela, *self-begetting novel*, *irrealism*, *surfiction*, *midfiction* y *reflexive novel*) describen un mismo fenómeno escritural; sin embargo, no es sino a partir de la publicación de los trabajos de Linda Hutcheon (*Narcissistic Narrative. The Metafictional Paradox*, 1984) y de Patricia Waugh (*Metafiction: The Theory and Practice of Self-Conscious Novel*, 1984) cuando el uso del vocablo *metaficción* logra una estandarización casi definitiva en los círculos académicos y, a partir de ello, se genera una reflexión mucho más profunda en torno a los mecanismos que ponen en marcha la dramatización de la frontera entre ficción y crítica literaria, pero sobre todo alrededor de sus implicaciones más allá del texto impreso, puesto que, como aduce Mark Currie, «la metaficción es menos una propiedad del texto primario que una función de la lectura» (1995: 5)[9].

De la manera más concisa posible, la metaficción suele ser interpretada como «ficción acerca de ficción», es decir, un relato cuyo tema sea la práctica escritural, lo que da como consecuencia un texto que oscila en la frontera entre la ficción y el ejercicio de la crítica literaria, en ese punto de convergencia donde ambos discursos literarios experimentan una mutua asimilación. Existe, pues, una oposición fundamental en la construcción del relato metaficticio: el montaje de una ilusión ficcional verosímil (como sucede en el pacto del realismo mimético) y la puesta en evidencia de dicha ilusión (como sucede en el desmontaje que el crítico realiza a partir de un texto literario).

Sin duda uno de los ejemplos predilectos de los teóricos para ilustrar esta tensión y convivencia de acciones es la novela *Vida y opiniones del caballero Tristram Shandy* (1759-1767), de Laurence Sterne. La estructura del texto da pie a múltiples reflexiones alrededor de sus prácticas metaficcionales, dado que Tristram, el narrador, no sólo irrumpe continuamente en la secuencia de su relato por medio de digresiones, sino también se toma la libertad de modificar las convenciones de la escritura propias del texto literario al intercalar páginas en negro que simulan lápidas, páginas en blanco a disposición del lector (una

---

[8] «Although metafiction is just one form of post-modernism, nearly all contemporary experimental writing displays *some* explicitly metafictional strategies».
[9] «Metafiction is less a property of the primary text than a function of reading».

de ellas para que éste dibuje a su amante ideal), frases en caracteres góticos y saltos en los números de los capítulos (aquellos que Tristram no se atreve o no es capaz de redactar). Aunque su título anuncia una suerte de autobiografía o de memorias, la obra de Sterne puede ser leída como un tratado de «cómo no debe escribirse una novela lineal» (es decir, una poética de la obra incluida en la obra), pues más de la mitad está dedicada a los acontecimientos previos alrededor del nacimiento de quien se supone funge como protagonista, y cada uno de esos acontecimientos es detallado hasta conformar microhistorias con sentido propio mas no independientes, creando un modelo rizomático que, en consecuencia, va obstruyendo el desarrollo lineal de lo que originalmente, al menos en teoría, constituía el asunto fundamental: la vida y las opiniones de Tristram.

Si bien, como hemos apuntado, la metaficción ha experimentado un auge a partir de la segunda mitad del siglo XX debido al desgaste de la tradición del realismo mimético, el ejemplo anterior (al igual que *Don Quijote*[10], hipertexto de *Tristram Shandy*) corrobora que las prácticas metaficcionales han estado presentes a lo largo de la historia de la novela moderna; sin embargo, en lo que respecta a la *intencionalidad*, hay diferencias entre las estrategias utilizadas por esta última y las herramientas empleadas por la narrativa contemporánea. Debido a ello, y para evitar una eventual confusión, una de las propuestas de Patricia Waugh es distinguir ambas «versiones» con dos apelativos distintos, *autoconciencia moderna* y *metaficción posmoderna*. De acuerdo con los planteamientos de la autora, la narrativa autoconsciente moderna despliega sólo algunos de los recursos típicos de la metaficción posmoderna (el narrador sobreintrusivo, las discusiones críticas dentro de la trama o metacomentario, el quebrantamiento de la organización espacio-temporal del relato, etcétera), mismos que, al ser empleados de forma aislada, carecen de la fundamental problematización a propósito del vínculo entre ficción y realidad, pues dicha narrativa, «aunque puede llamar la atención sobre la construcción estética del texto, *no* ostenta, de forma sistemática, su propia condición de artificio, tal como sí lo hace la metaficción contemporánea» (1984: 21)[11].

---

[10] José María Pozuelo Yvancos presenta, en su libro *Poética de la ficción*, un análisis exhaustivo sobre la relación literatura-realidad en el *Quijote*, relación que configura el diseño estructural de la novela de Cervantes, la cual es, simultáneamente, una poética de la ficción (véase «La mirada cervantina sobre la ficción», 1993: 15-62). Una noción similar a la ofrecida por Pozuelo Yvancos será desarrollada en este trabajo cuando abordemos la disolución de las fronteras discursivas y el metacomentario en tanto procedimientos metaficcionales.

[11] «[Modernist self-consciousness, however,] though it may draw attention to the aesthetic construction of the text, does not systematically flaunts its own condition of artifice in the

Así, para Waugh, la principal característica del relato metaficcional que ella denomina posmoderno sería su *ethos* esencialmente cuestionador, ya que «al mostrarnos cómo la ficción literaria crea sus mundos imaginarios [...] nos ayuda a entender cómo la realidad que vivimos a diario se construye de forma similar, se "escribe" de forma similar» (1984: 18)[12]. Esta aseveración deja ver el marcado interés de Waugh, desarrollado a lo largo de su estudio, por examinar el proceso de construcción de una «realidad» gracias al lenguaje, esto es, de una realidad –alterna a la realidad práctica– construida verbalmente en la que participan personajes que, de igual manera, son lenguaje, declaración que podría parecer de una obviedad casi absurda, y que sin embargo, en la ficción autoconsciente (sinónimo de metaficción en el estudio de Waugh), es recordada al lector una y otra vez por la continua intromisión del narrador. No obstante el rigor del estudio de Waugh, la separación entre *autoconciencia moderna* y *metaficción posmoderna*, sustentada en la intencionalidad, sigue sin quedar resuelta, pues dicha segmentación apela a una escala abstracta que pretende calcular la intensidad con que un texto determinado ostenta su autoconsciencia. Por ello, más que negar la distinción entre la metaficción en la novela moderna y la contemporánea, aquí se optará por no calificar con adjetivos la práctica metaficcional, aunque sin dejar de lado una de las cuestiones de mayor interés para los estudios al respecto: a qué responde el auge de la narrativa abiertamente metaficcional a partir de mediados del siglo xx, un auge que se relaciona más con los aspectos cognoscitivos de nuestra época que con nociones puramente formalistas, es decir, con las maneras de aprehender el mundo, no de prescribirlo.

Volviendo al libro de la investigadora británica, el principio de *autoconciencia*, al ser uno de los ejes rectores de su investigación, manifiesta un mensaje más o menos explícito: el texto es un montaje lingüístico, artificial, que simula una realidad ubicada en un plano distinto a la del lector y que, no obstante, es susceptible de ser comprendida o refigurada gracias a que la realidad del mundo práctico, de igual manera, se elabora y se refrenda por medio de series de signos lingüísticos, es decir, mediante el lenguaje. Un relato que puede facilitarnos el esclarecimiento de la hipótesis de Waugh es «Tlön, Uqbar, Orbis Tertius», texto donde se cuenta la invención de un mundo imaginario, Tlön, con sus artes, sus lenguas y sus doctrinas filosóficas incluidas, todo ello pormenorizado

---

manner of contemporary metafiction».

[12] «In showing us how literary fiction creates its imaginary worlds, metafiction helps us to understand how the reality we live day by day is similarly constructed, similarly "written"».

en los cuarenta volúmenes de la *Primera Enciclopedia de Tlön*. Al referirse a un mundo ficticio que existe al interior del universo creado por el texto (desde donde el narrador enuncia su historia), se crean dos niveles de realidad, ambas imaginarias y al mismo tiempo legibles para el receptor, puesto que los textos metaficcionales, como este cuento de Borges, «muestran que la ficción literaria nunca puede imitar o "representar" el mundo, *pero siempre imita o "representa" los discursos que, a su vez, construyen ese mundo*» (1984: 100. Énfasis mío)[13], o sea el nivel de la realidad fáctica donde estaría localizado el lector empírico. Por último, en el segmento final del cuento (*Posdata de 1947*), se menciona la intrusión de varios objetos de Tlön en el mundo real, y con ello la amenaza potencial de que el universo imaginario, en un futuro cercano, devore el nivel de realidad en que se sitúa el narrador, a tal grado que «entonces desaparecerán del planeta el inglés y el francés y el mero español. El mundo será Tlön» (Borges 1997: 40).

Esta extrapolación del universo creado por el texto literario irrumpiendo en el nivel del narrador (transgresión que, según la terminología de Genette, denominamos *metalepsis*[14]) pone de manifiesto la distinción ontológica entre el *mundo real* (desde donde se enuncia el relato y hacia la cual el lector es absorbido) y el *mundo ficcional* (inventado por los tlönistas), de forma que quedan expuestas las convenciones literarias que disfrazan esa distinción. Dichas convenciones, particularmente las del realismo y las de los géneros populares, son la materia prima en la construcción de la ficción autoconsciente, pues estas estructuras normativizadas (*frame*) serán manejadas en alternancia con una subversión o quebrantamiento de esos mismos modelos (*frame-break*); en otras palabras, el relato de características metaficcionales se basa en un modelo combinatorio entre la estructura acreditada y el contrapeso de su parodia respectiva, en la construcción de una ilusión y el desmembramiento de esa ilusión.

---

[13] «Metafictional texts show that literary fiction can never imitate or "represent" the world *but always imitates or "represents" the discourses which in turn construct that world*».
[14] «Toda intrusión del narrador o del narratario extradiegético en el universo diegético (o de personajes diegéticos en un universo metadiegético, etc.), o viceversa, como en [«La continuidad de los parques», de] Cortázar, produce un efecto de extrañamiento, ya sea burlesco [...] o fantástico. A dichas trasgresiones nos referiremos con el nombre de *metalepsis narrativas*» (2007: 244). [«Toute intrusion du narrateur ou du narrataire extradiégétique dans l'univers diégétique (ou de personnages diégétiques dans un univers métadiégétique, etc.), ou inversement, comme chez Cortázar, produit un effet de bizarrerie soit bouffonne [...] soit fantastique. Nous entendrons à toutes ces transgressions le terme de *métalepse narrative*»].

La parodia, desde la perspectiva de esta teoría de la metaficción diseñada por Waugh, está vinculada con la noción de «desfamiliarización» o «extrañamiento» (*ostranenie*) proyectada por el crítico formalista Víctor Shklovski. Para dilucidar con mayor exactitud la cercanía de ambos conceptos, optamos por traducir el término ruso como «desautomatización», ya que la parodia metaficcional, como hemos aducido, renueva las pautas de un cierto tipo de novela formulaica al desautomatizar sus códigos y esquemas, consolidados en el imaginario del lector[15]. Tomemos como ejemplo *Boquitas pintadas* (1969) de Manuel Puig, cuya división en dieciséis segmentos, denominados «entregas», alude a la periodicidad en que se ofrecen al público las venturas y desventuras amorosas del folletín sentimental clásico; en cuanto al tema, la obra reproduce los tópicos del melodrama de una forma tan abiertamente paródica que sobrepasa la estética *kitsch*. Como otras novelas del autor, *Boquitas pintadas*, en una estrategia similar a la del arte pop, acude una y otra vez a los lugares comunes diseminados por los medios masivos, con lo cual, pese a su similitud en forma y contenido con ese modelo narrativo, más que ser una novela rosa, *simula ser* una novela rosa.

Uno de los aspectos más distintivos de la metaficción es su aparente carácter autocrítico. Decimos aparente porque, en realidad, el texto metaficticio incorpora el lenguaje y los propósitos de la crítica literaria al discurso novelístico, es decir, fusiona dos de las secuencias textuales básicas: la argumentativa y la narrativa. No se trata sólo de una narración con su propia crítica incluida, sino de discusiones (abiertas o encubiertas) sobre el ejercicio escritural, sobre las convenciones genéricas y, en general, sobre la creación artística. Al añadir esta perspectiva crítica, la obra metaficcional da cuenta, principalmente, de una conciencia explícita acerca de su naturaleza como texto impreso en el caso particular de la literatura, lo cual puede ser visto de manera análoga, por ejemplo, en las metaficciones cinematográficas, cuando algún personaje –o la focalización narrativa suministrada por el encuadre– expresa al espectador su conocimiento de ser partícipe de una historia contada mediante secuencias de imágenes y sonido. A este factor autoconsciente se le conoce como metacomentario, término propuesto por Fredric Jameson (1971: 9-18) y desarrollado por Linda Hutcheon, y sobre el cual discutiremos líneas más adelante, refiriéndonos a algunas obras que lo emplean como estrategia metaficcional.

---

[15] Para el concepto de *fórmula* y *narrativa formulaica* tomo como base el estudio de John G. Cawelti *Adventure, Mystery and Romance: Formula Stories as Art in Popular Culture*: «Una fórmula es la combinación o síntesis entre varias convenciones culturales específicas y un arquetipo de historia más universal» (1976: 6). [«A formula is a combination or synthesis of a number of specific cultural conventions with a more universal story form or archetype»].

Pese a la actual vigencia de los estudios sobre metaficción, los cuales no sólo abarcan las esferas literarias, sino también otras plataformas comunicativas, existe una cierta desconfianza acerca de la conveniencia de aplicar enfoques teóricos originados en una cultura y una lengua específicas, distintas a las del sujeto del análisis. Las principales fuentes metodológicas para llevar a cabo un estudio sobre la metaficción, es fácil de constatar, provienen de la academia anglosajona, y esto, en efecto, puede representar un obstáculo al momento de emprender el ejercicio crítico-valorativo en torno a obras latinoamericanas. Si a esto se le añade la poca sistematización de los postulados teóricos y el constante vaivén de terminología entre un enfoque y otro, no queda más que aceptar que existe un riesgo implícito en la elaboración de un trabajo como el aquí propuesto. A fin de sortear dichas limitantes y de demostrar la pertinencia del presente análisis, a continuación se expone un cuadro referencial de los tres procedimientos que contribuyen a generar la metaficcionalidad de un texto literario, así como la manera en que éstos operan en algunos cuentos y novelas de autores latinoamericanos. Esta necesaria descripción de cómo actúan las estrategias nos abrirá paso, en los capítulos siguientes, hacia la pregunta fundamental de nuestra investigación: para qué sirve (si es que sirve) la metaficción en un contexto y en un género narrativo específicos.

La formulación que presento es, ante todo, un ejercicio de apropiación de distintos fundamentos metodológicos dispersos en las obras mencionadas en este apartado[16], con el propósito de hacer más claro el ulterior análisis del corpus de novelas de registro policial; se trata, pues, de una síntesis de las estrategias narrativas que activan el *efecto* metaficcional durante el acto de lectura, *efecto* entendido como una *ilusión narrativa* que permite dirigir la atención del lector hacia la condición de artificialidad de la obra, con todos los aspectos cognitivos que esto implica. Para ello, dichos procedimientos[17] se han agrupado en tres segmentos básicos (*estructura, desautomatización de*

---

[16] Patricia Waugh describe catorce características de la metaficción posmoderna; Ana María Dotras, en su libro dedicado a la novelística española mencionado páginas antes, enumera una veintena de recursos («sólo los más comunes»); Linda Hutcheon, por su parte, establece cuatro tipos de metaficción (diegético abierto, diegético encubierto, lingüístico abierto y lingüístico encubierto), mientras que Dale J. Pratt, en «La metaficción y sus técnicas» (en *Sueños, recuerdo, memoria. La metaficción en las obras de Joaquín-Armando Chacón*, 1994), reconoce seis técnicas de no muy clara distinción entre sí (*mise en abyme*, regresión infinita, *story-telling*, *role-playing*, la temática de la creación artística y el narrador intrusivo).

[17] La propuesta aquí incluida es una versión del cuadro de procedimientos surgido del trabajo en común entre Ivonne Sánchez Becerril y el autor. Dicho cuadro fue originalmente elaborado para presentarse durante las sesiones del semestre 2012-II del SENALC (Seminario

las convenciones narrativas y *disolución de fronteras discursivas*), cada uno con sus respectivas prácticas concretas.

Procedimientos de la metaficción[18]

A) ESTRUCTURALES
  1. Artificios estructurales: sobresistematización, organización arbitraria expuesta
  2. Desestabilización de la organización espacio-temporal de la historia
  3. Imágenes reflexivas (*mise en abyme*)
  4. Experimentos tipográficos ostentosos

B) NARRATIVOS (desautomatización de las convenciones de la tradición literaria)
  1. Desplazamiento de la mimesis del producto creado al proceso creativo
  2. Dramatización explícita de los procesos de escritura y de lectura
  3. Descuido continuo de las convenciones ficcionales del realismo mimético o de los géneros literarios formulaicos

---

de Estudios sobre Narrativa Latinoamericana Contemporánea/UNAM), del cual ambos forman parte.

[18] A fin de esclarecer la distinción entre el sentido que se da aquí a *discursivo* y *narrativo*, retomo la propuesta de Antonio J. Gil González en su ensayo «Variaciones sobre el relato y la ficción», en el segmento titulado *Metaficción discursiva y metaficción narrativa*: «La convención de lectura instaurada [...] tenderá a considerar de un modo fidedigno, como enunciación verdadera del autor del texto, que reflexiona sobre los avatares del proceso de creación, su concepción del oficio, sus ideas sobre el género, el arte, la literatura en general... o sobre la obra en particular, los avatares de la historia y los personajes, sus mecanismos y recursos compositivos, el lenguaje sobre el que se constituye, etc., lo que no es, en puridad, sino el discurso de tal *figura autorial* producida de modo *ventrílocuo* por el propio texto. Esta dimensión recogería los *semas* de la autorreferencialidad y la metaficción relacionados con la contigüidad con el discurso teórico-crítico, ensayístico, autobiográfico, la reflexividad, etc. A esta modalidad apuntan conceptualmente las denominaciones de metaficción *enunciativa* o *discursiva*. [...] El *viceversa* de la fórmula remite obviamente a la idea de que *la materia narrada pasa a formar parte, complementariamente, del acto de su enunciación,* en el sentido de que será desde el universo narrativo –el mundo de los personajes y las acciones de la *historia,* y no desde el simulacro del discurso *autorial*– desde el que se va a proyectar la ilusión autogeneradora del discurso» (cursivas del original). *Revista Anthropos. Metaliteratura y metaficción (Balance crítico y perspectivas),* 208, 2005, p. 16-17. En las páginas siguientes, al abordar ambos procedimientos y ejemplificarlos, se intentará comprobar que, pese a la imposibilidad de delimitar estrictamente la frontera entre uno y otro, la caracterización principal se encuentra en la intencionalidad del tipo de discurso empleado (el *ethos* de la enunciación) y las estrategias para narrar la historia.

4. *Roleplaying*, nombres propios referenciales

c) Discursivos (disolución de fronteras discursivas)
  1. Metacomentario: ejercicio de la crítica literaria, teorización sobre la ficción creada
  2. Intertextualidad y parodia

II.

> ¿Por qué nos inquieta que don Quijote sea lector del *Quijote*, y Hamlet, espectador de *Hamlet*? Creo haber dado con la causa: tales inversiones sugieren que si los caracteres de una ficción pueden ser lectores o espectadores, nosotros, sus lectores o espectadores, podemos ser ficticios.
>
> Jorge Luis Borges, «Magias parciales del *Quijote*»

El modelo diseñado no intenta determinar una gradación de las obras metaficticias, esto es, qué tan metaficcional es un texto o qué tanto no lo es. El propósito no radica en caracterizar las narraciones ni jerarquizarlas según la cantidad de estrategias que en ellas prevalecen, sino en distinguir de qué forma operan dichas prácticas y cómo manifiestan el efecto metaficcional, de lo cual se deduce que este tipo de novelas no constituye una categoría genérica. Por otro lado, debemos hacer énfasis en que, aun cuando alguna novela presente uno o varios de estos recursos, no asegura que se trate de una obra de metaficción como tal. En resumen, con esta serie de procedimientos se pretende comprobar que la obra metaficcional, por medio de estrategias que insistentemente apuntan hacia su estatus de constructo artístico, produce un efecto que estimula al lector a cuestionarse sobre el vínculo entre su realidad práctica y la realidad alterna emanada del texto.

Procedimientos estructurales

Al hablar de artificios estructurales que contribuyen a la generación del efecto metaficcional nos referimos a obras cuyo modelo constructivo suele presentar dos polos opuestos: una organización exageradamente minuciosa o, por el contrario, una desorganización deliberada. En *Museo de la novela de la Eterna* de Macedonio Fernández, el narrador presume que su libro inaugura la literatura salteada, dirigida a un lector salteado ideal; en el transcurso de la lectura del texto descubrimos que, en efecto, la novela prometida inicia hasta la página 137, después de una cincuentena de «Prólogos» dedicados a los críticos, al autor, al lector salteado, a los personajes, más una Imprecación al Lector Seguido. Si, como plantea Gérard Genette en *Umbrales*, hacemos una breve consulta del índice de la obra, en el entendido de que la función principal de ese paratexto es la de servir como instrumento de recuerdo del aparato de titulación, notaremos que más de la mitad del libro la conforman los mencionados «Prólogos» (1975: 11-132), mientras que los capítulos del i al xx, es decir, el cuerpo de la novela, van de la página 137 a la 260. Aunque en sentido estricto no se propone una lectura salteada (avanzar y retroceder páginas), *Museo de la novela de la Eterna*, gracias a su arbitrariedad organizativa, quebranta el modelo usual del género novelístico puesto que los prólogos, a pesar de su nombre, son ya parte sustancial de la historia que se relata en la novela, o, mejor dicho, el tema que en ella se trata: la relación entre el autor y el lector de la *Novela de la Eterna*, y la responsabilidad de ambos en el momento de otorgar sentido a la obra. A propósito de la sobresistematización de la estructura, un caso bastante estudiado es el «Tablero de dirección» incluido al inicio de *Rayuela*, donde, para abordar el texto, se conmina al lector a proceder de una de dos maneras: la primera, leer de forma corrida del capítulo 1 al 56, y la completa, empezando por el 73 y siguiendo el orden establecido en el «Tablero». Sin importar cuál sea la ruta elegida, el lector debe recorrer los capítulos del 1 al 56 de forma ordenada, pues los «capítulos prescindibles» están insertos entre los capítulos «imprescindibles», de lo cual se infiere que la trama no varía, pero sin duda se enriquece. Se trata, ciertamente, de uno de los múltiples recursos lúdicos que distinguen a la novelística de Julio Cortázar y que, por otra parte, justifica el título de la obra; no obstante, el «Tablero de dirección» conlleva una carga simbólica que subraya la capacidad inherente a la literatura para contener, en un mismo libro, una infinidad de libros según el horizonte individual del lector, mismo que tomará consciencia de su participación indispensable para lograr la concreción de su propia *Rayuela* y de la posibilidad abierta de ejercer, física y literalmente, uno de sus «diez derechos imprescriptibles» manifestados por Daniel Pennac en *Comme un roman*: el derecho del lector a saltarse las páginas.

El hecho de organizar o desorganizar el discurso de una historia, como en los dos casos anteriores, no implica forzosamente que las dimensiones espaciales y/o temporales se modifiquen. Para que esto suceda, es necesario que la estructura de la obra se deslinde de la convención narrativa que exige una correlación metódica entre la causa y la consecuencia de las acciones relatadas, gracias a lo cual, básicamente, se cuestiona la noción literaria del cronotopo estable. «Voy a contar una historia: Éranse una vez, un hombre y una mujer. El hombre y la mujer soñaban» (1979: 11), se lee en el íncipit de *El miedo de perder a Eurídice*, de Julieta Campos, novela que narra la dificultosa escritura de una historia de amor por parte de un solitario profesor de francés. Sin mayores datos, el texto va dibujando las numerosas posibilidades que el profesor tiene para perfilar una historia que pretende ser todas las historias de amor sobre la «pareja perfecta». Cada tarde, Monsieur N. se sienta en una mesa de *el palacio de minos* y toma alguna bebida mientras, con el afán de esclarecer sus ideas acerca de la novela que desea escribir, garabatea una isla sobre una servilleta. Esta misma escena se repite con leves variantes, por lo cual no es distinguible el paso de los días (o quizá de los años) en la vida del profesor. El narrador de *El miedo...*, por su parte, se concentra en el flujo del pensamiento del aspirante a novelista, aprovechando su imaginación para escribir las pequeñas historias que Monsieur N. no será capaz de concretar. Lo mismo sucede con las islas que dibuja el profesor: el narrador las vuelve el leitmotiv de su propio texto. Así pues, la congruencia temporal y espacial de la novela no se ajusta a las pautas de la narrativa lineal puesto que sigue el devenir de las imágenes mentales de Monsieur N., imágenes cuya lógica carece de un patrón secuencial, de tal forma que *El miedo de perder a Eurídice* termina siendo una serie de inacabados relatos amorosos y relatos sobre islas, y ambos temas literarios, amor e isla, a falta de la instancia espacio-temporal que cohesionaría el relato, funcionan no sólo como tópicos, sino como hilos conductores de la novela.

Pese a que la construcción en abismo es uno de los recursos narrativos más antiguos de la literatura, sabemos que la difusión del término *mise en abyme* y su teorización inicia con el libro *Histoire du roman français depuis 1918* (1950), de Claude-Edmonde Magny, quien, tomando como referencia una cita del *Journal* de André Gide, asienta definitivamente dicha expresión en la terminología de la crítica literaria. Por mi parte, siguiendo el estudio pormenorizado de Lucien Dällenbach en *El relato especular* (1991), opto por denominar «imágenes reflexivas» a aquellos procedimientos estructurales conocidos habitualmente como *mise en abyme*, expresión transferida del terreno de la heráldica hacia la literatura, misma que procede de la lectura fallida, pero de muy exitosa propagación, efectuada por C.-E. Magny en su *Histoire*. Para Dällenbach, la concepción de «imágenes reflexivas» en la literatura se explica como todo espejo interno en que se refleja el conjunto del relato que lo contiene, reflejo que puede producirse mediante tres modalidades esenciales: *reduplicación simple, reduplicación hasta el infinito* y *reduplicación aporética* o *paradójica*; en consecuencia, sin pretender desbancar el arraigo de la expresión *mise en abyme*, que tanta suspicacia le genera, Dällenbach se inclina por denominar «relato especular» a todo texto que recurra a uno o más de esos tres procedimientos.

Una reduplicación (o reflejo) simple, representada por la historia dentro de la historia, es fácilmente perceptible en «La fiesta brava», de José Emilio Pacheco, relato que enmarca un cuento homónimo de Andrés Quintana escrito por encargo. Puesto que el texto de Quintana culmina con el sacrificio ritual de un militar estadounidense contemporáneo en una Tenochtitlán recreada debajo de la Ciudad de México, la revista que le solicitó su colaboración tiene que rechazarla por razones políticas y comerciales obvias. En primera instancia, leemos el cuento de Quintana, impreso con una tipografía que imita la de un mecanuscrito; después, una voz distinta narra las condiciones alrededor del encargo del relato y el fracaso del escritor. El reflejo entre una y otra historia se consuma en el desenlace de «La fiesta brava» (el de Pacheco), el cual se anuncia en una pequeña nota periodística inserta al inicio, en una especie de epígrafe: «Se gratificará al taxista o a cualquier persona que informe del paradero del señor Andrés Quintana […]»; en efecto, quien desaparece (quien será la víctima «real») es Andrés Quintana, reproduciendo –reflejando de manera imperfecta– el clímax y el cierre del relato de su autoría.

A diferencia del reflejo simple, donde la historia contenida sirve de espejo que reproduce la historia que lo contiene, el reflejo al infinito propone una reduplicación mutua, como en un juego de dos espejos, uno frente a otro, haciendo interminables las reproducciones recíprocas originadas desde y por el texto. En «La historia según Pao Cheng», de Salvador Elizondo, el filósofo Pao Cheng intenta inferir, «desentrañar», la historia del mundo. En su proceso de proyección de la historia futura descubre hechos inaceptables dentro de la lógica que comparte con sus contemporáneos; no obstante, en el transcurso de esa especie de viaje metafísico, es absorbido por un momento y un lugar precisos de la historia. En ese futuro aún no concebido pero imaginado por él, encuentra a un hombre que, rodeado de objetos cuya naturaleza y utilidad no alcanza a comprender, escribe un cuento. Ese cuento se titula «La historia según Pao Cheng». El filósofo, efectivamente, ve su reflejo en el texto y cae en la cuenta de que su propia existencia obedece a la escritura de aquel hombre del porvenir. Para que la reduplicación devenga infinita, el escritor, por su parte, debe tomar conciencia de su dependencia indisoluble con el personaje que acaba de crear, de cuya imaginación, por consiguiente, es producto: «Comprendió, en ese momento, que se había condenado a sí mismo, para toda la eternidad, a seguir escribiendo la historia de Pao Cheng, pues si su personaje era olvidado y moría, él, que no era más que un pensamiento de Pao Cheng, también desaparecería» (1966: 76). Ambas tramas, la del filósofo que imagina y la del escritor que escribe, son puestas frente a frente; al reflejarse, están «condenadas» a repetirse de forma permanente y sin posibilidad de disociación. El tercer tipo de «imagen reflexiva» basa su funcionamiento en la aporía, como sucede en el párrafo final de *Cien años de soledad*, mientras Aureliano Babilonia descifra la historia de su familia, y la suya propia, en los pergaminos de Melquiades. Así pues, la reduplicación aporética alude a un relato cuya inviabilidad lógica queda manifiesta en su estructura, si bien su legibilidad en tanto narración permanece inalterable. De la misma forma en que los reflejos simples y los infinitos pueden ser explicados por los juegos de espejos (uno que refleja al texto dentro de ese mismo texto, y en otro donde se contraponen dos espejos cara a cara, respectivamente), el reflejo aporético se asemeja al modelo estructural de una cinta de Moebius, o al de una esfera cuya cara interna esté conformada por un espejo, y al interior de esa esfera la historia narrada. Observemos que en el microrrelato de Augusto Monterroso, «La cucaracha soñadora»[19], la linealidad de la trama es irrelevante, pues a partir del segundo «soñaba» nos damos cuenta de que el sentido de la frase no es inferir *quién soñaba qué*, sino que la construcción idéntica de cada oración hace suponer que la referencialidad puede llegar a formularse inagotablemente, dando vueltas una y otra vez, *sin punto de partida ni final*.

Un último procedimiento de índole estructural que respalda la conformación del efecto metaficticio es el empleo de tipografías visiblemente ostentosas. Al igual que las estrategias anteriores, la experimentación tipográfica sirve sólo de vehículo para lograr una ilusión que problematice los vínculos entre la ficción y la realidad dentro de un texto literario. Se trata, pues, de un recurso visual que altera la uniformidad tipográfica de la obra, revelando de manera explícita la «conciencia» del relato sobre su condición artificial. Aunque en primera instancia podría parecer una resonancia de las vanguardias literarias, el uso y abuso de la experimentación tipográfica no sirve únicamente para desestabilizar el acto de lectura, sino para diferenciar los distintos heterocosmos o mundos alternos

---

[19] «Era una vez una Cucaracha llamada Gregorio Samsa que soñaba que era una Cucaracha llamada Franz Kafka que soñaba que era un escritor que escribía acerca de un empleado llamado Gregorio Samsa que soñaba que era una Cucaracha» (2001: 45).

circunscritos en un mismo texto (como en el cuento de José Emilio Pacheco, comentado líneas arriba, que distingue el relato escrito por el protagonista, Andrés Quintana, con letra de tipo mecánico). Este procedimiento, ligado a la distribución del cuerpo del texto sobre la página impresa, es susceptible de ser analizado bajo un enfoque paratextual, toda vez que suelen emplearse notas ficcionales, citas, dedicatorias y prólogos apócrifos. Tal es el caso del relato «Mona», de Reinaldo Arenas, dividido en tres partes («Presentación de Daniel Sakuntala», «Nota de los editores» y «Texto de Ramón Fernández») y dotado de un aparato crítico que alcanza las veintiséis notas al pie, mismas que, por sí solas, tejen un debate literario sobre la calidad y veracidad del «Texto de Ramón Fernández», desacreditándose unas a otras a lo largo de las distintas ediciones supuestas, que van de 1986 al año 2025.

Procedimientos narrativos

Volviendo a los procedimientos que crean el efecto metaficcional, por *estrategias narrativas metaficcionales* entenderemos aquellos aspectos del texto que desautomatizan las convenciones de la tradición literaria, tanto en cuestión de modelos genéricos reconocibles como en la ya mencionada tradición representacional del realismo mimético. En primer lugar, en el discurso metaficcional existe una tendencia a no mostrar el producto terminado, sino, por el contrario, a formular en su argumento la historia de la confección del texto mediante el empleo del tema de la creación y el oficio literarios, lo cual queda ilustrado en el microrrelato «El grafógrafo», citado como primer epígrafe de este capítulo. Este traslado de la mímesis del producto terminado al proceso de su elaboración se manifiesta en la obra de Josefina Vicens *El libro vacío*, protagonizado por José García, un aspirante a novelista cuya agobiante rutina de burócrata lo impulsa a escribir una obra literaria. No obstante su ahínco, jamás ve cristalizado el texto acabado, si bien escribe noche a noche hasta llenar un cuaderno donde expresa su impotencia como narrador de «historias interesantes». El texto que se nos presenta es, en esencia, el cuaderno con los apuntes sobre el proceso fallido de la escritura de una novela, que no es lo mismo que una novela fallida: García, al relatarnos sus miedos, preocupaciones y contradicciones de hombre corriente, como él mismo se denomina, transmite de manera opresiva esa desesperación por no poder materializar su anhelo, de tal forma que en *El libro vacío* no leemos lo que él desearía y necesita escribir (el irrealizable producto terminado), sino todo aquello que le ha impedido escribir; en razón de ello, la estrategia de la novela de Vicens es tematizar el cliché del miedo a la página en blanco, que se enuncia en la perpetua interrogante del protagonista: «¿Por qué un libro no puede tener la misma alta medida que la necesidad de escribirlo?» (Vicens 2001: 31).

Una de las obras más abordadas desde la perspectiva de las teorías de la metaficción es la novela de Italo Calvino *Si una noche de invierno un viajero*, ejemplo claro de la dramatización de los procesos de la lectoescritura, donde los protagonistas de la trama son dos lectores (el Lector y la Lectora) de la novela misma. La dualidad lectura-escritura como asunto central de una narración presupone una recreación de ambos procesos, los cuales son familiares, por razones obvias, a quien produce el texto y a quien lo lee, a tal grado que una y otra pueden llegar a ser actividades ritualizadas y generalmente efectuadas en solitario, como lo ilustra el lector-personaje-víctima del relato «La continuidad de los parques» de Cortázar. Dicho binomio de actos ligados a la literatura, escribir y leer, al ser dramatizados de forma explícita, dan como resultado narraciones autorreflexivas en que lectores y escritores suelen ser actantes principales. Gracias a su estructura de reflejo infinito en que un novelista crea a otro novelista que, a su vez, da vida a otro, la novela *El garabato*, de Vicente Leñero, utiliza la relación entre el autor y su receptor —roles intercambiables que contribuyen a reforzar su construcción de cajas chinas— para vincular las tres dimensiones diegéticas que el texto va creando dentro de sí, dimensiones separadas mediante las tres portadillas que anuncian cada novela, tituladas *El garabato*, y su respectivo creador.» Nosotros, lectores empíricos de *El garabato* de Leñero, nos colocamos en un plano externo a partir del cual accedemos a todos los niveles ficcionales (a todos *los garabatos*) y a los comentarios paulatinos de sus lectores. Lo que más nos interesa para valorar este procedimiento metaficcional no es el hecho de que varias historias subsistan paralelamente dentro de una sola novela, ni la reiteración del título, sino que la narración hace de la práctica lectora, y de su consiguiente comentario, el tema de todo el conjunto de textos, de manera que el desarrollo de la trama recae, más que en las acciones de los personajes (pues poco sucede en el nivel diegético), en la reacción de los lectores tras su experiencia receptiva del texto que está en sus manos (y, por extensión, en las nuestras).

Las marcas de género, perceptibles con mucha mayor nitidez en la narrativa formulaica, son parodiadas en el texto metaficticio mediante el «descuido continuo y explícito de las convenciones ficcionales». Si seguimos trabajando con el texto de Vicente Leñero, observaremos que en *El garabato* existe un doble código de la narrativa de suspenso: por un lado el embrollo criminal en el que Rodolfo, protagonista de *El garabato* escrito por Mendizábal, se involucra por azar al ser el único testigo de un asesinato, lo que da pie a su persecución y a su secuestro; por otra parte, en un uso del registro de la narrativa policial, encontramos que la lectura paulatina del crítico Fernando J. Moreno, acompañada de sus comentarios negativos, formula una intriga en contra del joven escritor Mendizábal, ejerciendo un papel de justiciero y verdugo literario, tal como sucede con la edición crítica del poema «Pálido fuego» realizada por el profesor Kinbote en la novela *Pálido fuego*, de Vladimir Nabokov. En ambos casos, las pautas de la ficción detectivesca se trasladan a la práctica lectora: el escritor funge como perpetrador del crimen, el lector hace las veces de investigador, la lectura de pistas se vuelve lectura del texto literario, y, por último, el texto funciona como el crimen por dilucidar.

En este segmento se ha echado mano de un abanico de textos literarios a fin de exponer los distintos procedimientos metaficcionales; para comprender lo que denominamos *roleplaying* o nombres propios referenciales, acudiremos de nuevo a algunas de esas narraciones con el objeto de no perder de vista el carácter multifactorial del efecto metaficticio, bajo la premisa de que la metaficción no estriba en una sola estrategia sino en la conjunción de una variedad de ellas.

La función básica del nombre del personaje de ficción es, en un primer momento, aportar cohesión a la totalidad del relato del que participa, dado que sirve de guía esencial para reconocer los cambios dramáticos en el transcurso de la historia contada. Mediante las herramientas de la narratología, Luz Aurora Pimentel demuestra que la denominación de un personaje oscila entre dos polos: por un lado la referencia plena a una persona o personaje reconocible, y por otro un nombre abstracto que remita tal vez a una acción, sentimiento o rol social. En palabras de la teórica mexicana, «[l]as formas de denominación de los personajes cubren un espectro semántico muy amplio: desde la "plenitud" referencial que puede tener un nombre histórico (Napoleón), hasta el alto grado de abstracción de un papel temático –"el rey"– o de una idea, como los nombres de ciertos personajes alegóricos» (2005: 63), a lo cual añadimos casos más extremos de vacuidad absoluta en el nombre del personaje, como en narraciones en que a éste se le identifica con una letra, un número, un símbolo tipográfico. El relato metaficticio suele aprovechar los dos extremos semánticos de la denominación de los personajes, ya sea para subvertir la plenitud referencial de un nombre o para deshumanizar al personaje, en ambos casos con el fin de hacer patente que se trata de un universo autónomo, artificial, pero posible y congruente en el contexto literario fabricado por la narración. Los personajes Franz Kafka y Gregorio Samsa del cuento «La cucaracha soñadora» son dos referentes que, gracias a la tradición e historia literarias, despliegan una serie de expectativas en el lector, pues se trata de nombres plenos que remiten a (y reinterpretan simultáneamente) su hipertexto, *La metamorfosis*. Si se narra desde la perspectiva literaria un suceso histórico, el hecho de recurrir a los nombres originales de quienes participaron en él apoya la ilusión de estar representando algo que, efectivamente, pudo haber ocurrido en el mundo práctico, y que al mismo tiempo pone en entredicho las versiones oficiales de la historia. No obstante, el empleo de nombres propios referenciales en la metaficción, más que aportar verosimilitud al texto remitiendo a un personaje o persona «real» con biografía propia, funciona como un problematizador del proceso referencial activado por el repertorio del lector. Así, aunque parezca inocente ratificarlo, el Borges narrador de «Tlön, Uqbar, Orbis Tertius» no es el autor empírico J. L. Borges (1899-1986), sino un personaje de ficción que está construido a partir de un referente externo que permea la superficie del texto y se instala en él, haciendo el papel de su referente, de ahí que denominemos a esta estrategia *roleplaying*, en analogía con los juegos de interpretación de roles. La cuestión es, entonces, no la posible dificultad en discernir al primer Borges del segundo, sino, más aun, tratar de comprender por qué no leeríamos de la misma forma dicho relato en caso de que el nombre del narrador fuera distinto. Si el narrador de «Tlön, Uqbar» se llamara José García o Monsieur N., por ejemplo, la ilusión metaficticia quedaría incompleta, puesto que no se activaría ningún proceso referencial durante el acto de lectura. El carácter metaficcional de un relato se incrementa con el uso recurrente de los nombres propios identificables, cuya referencia plena intenta poner en crisis la diferenciación absoluta entre el heterocosmos del texto y el mundo práctico que conforma el horizonte del espectador, esto es, provocando un choque entre el campo de referencia interno y el campo de referencia externo. En el polo contrario, los nombres vacíos o abstractos acarrean una desindividuación del personaje: José García y Monsieur N., protagonistas de *El libro vacío* y *El miedo de perder a Eurídice* cada uno, sin ser completamente huecos, sugieren, el primero por ordinario y el segundo por exiguo, una carencia de identidad y de pasado anterior a la diégesis, subrayando con ironía la condición de artificialidad del personaje, quien únicamente está vivo mientras la lectura se realiza, misma artificialidad consciente que se transmite, como hemos visto, a la totalidad de la obra metaficcional.

PROCEDIMIENTOS DISCURSIVOS

De los cuatro tipos de discurso (argumentativo, narrativo, expositivo, descriptivo), se suele relacionar, para fines prácticos, al primero con el ensayo y al segundo con los relatos testimoniales, históricos o de ficción. Cada una de las cuatro formas de elocución, tipos de discurso o secuencias textuales básicas, se distingue por su intencionalidad, es decir, cada una se propone cumplir un objetivo comunicativo específico; en una narración literaria, sin embargo, es inviable tratar de advertir el estado puro de un solo tipo de discurso, si bien preponderan el narrativo y el descriptivo. En lo que concierne a la metaficción, ficción que habla de la ficción, podemos observar que el discurso narrativo se ve asediado por el discurso argumentativo al reflexionar sobre el ejercicio de la escritura (del texto que lo contiene o de la creación literaria en general), esto es, «la metaficción –afirma el crítico estadounidense Robert Scholes– asimila las perspectivas de la crítica en el proceso ficcional mismo, lo cual puede enfatizar sus atributos estructurales, formales, conductuales o filosóficos» (1995: 29)[20]. En consecuencia, la narrativa autoconsciente, dado que dramatiza y discute la brecha entre la crítica y la obra de arte, disuelve la frontera entre ambos tipos de discurso. Para designar esta práctica discursiva presente en la narración metaficticia utilizamos el término *metacomentario*, tomado del artículo del mismo nombre escrito por Fredric Jameson, en que se muestra cómo cada interpretación individual sobre un problema crítico incluye, al menos virtualmente, una interpretación de sí misma. La premisa que sostiene el concepto de *metacomentario*, llevada a los estudios literarios por Gregory L. Ulmer en «El objeto de la poscrítica», aduce que «la ruptura con la "mimesis", con los valores y suposiciones del "realismo", [...] está ahora en movimiento (tardíamente) en la crítica, cuya principal consecuencia es, naturalmente, un cambio en la relación del texto crítico con su objeto, la literatura» (1988: 125), es decir, una relación parásito-saprófito (huésped-anfitrión) entre el texto literario y el texto crítico que, lejos de ser ofensiva, ilustra el funcionamiento del método compositivo de lo que Ulmer denomina poscrítica.

Dentro del ámbito de la crítica literaria, al igual que entre quienes se dedican a la creación artística, con frecuencia se tiende a valorar de manera precipitada los alcances de las obras y de las herramientas teóricas presuntamente innovadoras; de ahí que Ulmer, como muchos otros, no se resista a certificar que la

---

[20] «Metafiction assimilates all the perspectives of criticism into the fictional process itself. It may emphasize structural, formal, behavioral, or philosophical qualities».

simbiosis del discurso crítico con el discurso literario sólo ha sido posible tras la «ruptura con la mimesis». En efecto, la consolidación del metacomentario y de la poscrítica durante la primera mitad del siglo XX se debe, sin duda, al legado de las vanguardias y de las corrientes opuestas al realismo decimonónico; no obstante, resulta impreciso afirmar que el metacomentario, la poscrítica y por supuesto la metaficción sean productos exclusivos del panorama de las narrativas contemporáneas: la nominación de estas prácticas y las teorizaciones alrededor de ellas son recientes, mas no su existencia.

Así lo demuestra José María Pozuelo Yvancos en su libro *Poética de la ficción*, donde analiza a fondo la relación verdad-ficción en el *Quijote*, no como tema, sino como dispositivo estructural de la novela de Cervantes. Para Pozuelo Yvancos, el *ars poetica* de *Don Quijote*, como si se tratara de un metacomentario (o algo así como las «claves de lectura»), está inserta en la obra misma no en forma de digresión teórica sobre la novela en cuestión, sino en la perspectiva dislocada de Alonso Quijano frente a su entorno, toda vez que «la credulidad de Don Quijote hacia las novelas, su incapacidad para distinguir dónde se encuentra la frontera separadora de lo real y lo ficcional, lo verdadero y lo inventado, convierte al *Quijote* entero en una poética de la ficción» (1993: 26).

Al menos en lo que respecta a la narrativa hispanoamericana, quizá la obra de Jorge Luis Borges sea la que mayor número de análisis ha suscitado desde las perspectivas del metacomentario. En esta oportunidad traeré a discusión un par de escritos metaficticios recientes, publicados en el libro *Mentiras contagiosas (Ensayos)*, del mexicano Jorge Volpi. Ambos textos seleccionados, «Conjetura sobre Cide Hamete» y «La obsesión latinoamericana», en tanto ensayos académicos, conservan la estructura tradicional del artículo de revista arbitrada (propósito, hipótesis, desarrollo del problema, conclusión). «Conjetura sobre Cide Hamete» se ocupa de un desconcertante hallazgo literario: la existencia histórica de Cide Hamete Benengeli. No hay marcas evidentes de que se trata de un texto ficticio; es más, el aparato crítico remite a varios libros y artículos verificables. En resumen, se trata del anuncio de un descubrimiento reciente que, sin duda, habrá de modificar la recepción subsecuente del *Quijote*, pues tres profesores, amigos del autor, han llegado a la conclusión de que Cide Hamete, también conocido como Jacobo de los Ángeles, monje aragonés de probable origen morisco, es el autor de un libro titulado *Torrijos de Almagro*, novela biográfica de un soldado manchego que acompañó a Hernán Cortés en la conquista de Tenochtitlán. Jacobo de los Ángeles (o Sidi Ben Angeli) se habría basado en la vida de una figura histórica para crear a su personaje, antecesor del don Quijote: Torrijos, al volver de la expedición a Las Indias y ya entrado en años, pierde la cordura, y «en su delirio [...] confunde La Mancha con América sin darse cuenta de que han pasado casi dos décadas desde que abandonó aquellos páramos. Horrorizado por una culpa innombrable [...], el antiguo conquistador se empeña en recomponer los desmanes que causó en aquellas tierras» (Volpi 2008: 109). «La obsesión latinoamericana», por su parte, es un texto que rebate un influyente artículo del profesor Ignatius H. Berry, catedrático de Hispanic and Chicana Literature de la Universidad de Dakota del Norte, publicado en 2055. El autor de «La obsesión...» pone de relieve el aporte de índole histórica realizado por Berry, mas no comparte su tesis principal, la cual afirma que los autores latinoamericanos de toda la primera mitad del siglo XXI han traicionado a sus maestros y, por ello, representan la decadencia posterior al esplendor logrado durante «lo que numerosos académicos bautizaron con el nombre de Nuevo Siglo de Oro, si bien se trata en realidad de medio siglo, cuyo inicio debe ubicarse en 1949 [*sic*], el año en que se publicó *Ficciones*» (Volpi 2008: 144. La primera edición de *Ficciones* es de 1944).

Los dos textos incluidos en *Mentiras contagiosas* que he condensado pretenden comunicar apreciaciones en torno a investigaciones literarias de orden histórico y filológico; para legitimar sus valoraciones críticas, los autores implícitos deben adoptar una postura y una retórica académica. Si nos atenemos a las marcas genéricas, y aun a los paratextos empezando por el subtítulo del libro en que se recopilan, «Conjetura...» y «La obsesión...» no pueden ser más que ensayos. Ahora bien, ¿podemos calificarlos como tales si es evidente que se sustentan en realidades ficcionales, apócrifas? Sucede que, debido a nuestro horizonte y a nuestra experiencia lectora, asumimos que el ensayo –y con mayor razón el ensayo académico– ha de responder a conflictos de la realidad práctica, de otra forma, sencillamente, carece de sentido. A esto nos referimos con *disolución de fronteras discursivas* en la metaficción, más específicamente a la hibridación (o mejor, superposición) del discurso argumentativo y el narrativo, hasta el punto de resultar imposible, además de inocua, la potencial disección de ambos. Asimismo podríamos denominar a este tipo de textos «ficciones ensayísticas» o «ensayos ficcionales», mas ello no resuelve el aprieto, lo cual, en última instancia, apoya la hipótesis de que el escrito metaficticio, más que ofrecer respuestas conclusivas, se basa en el dilema existente entre ficción y realidad, entre ensayo y narración. Acaso esta relación conflictiva constantemente señalada en la obra metaficticia, antes que una estrategia lúdica, sea una reacción frente al esquema racional que se resiste a aceptar la opacidad entre los límites discursivos y entre realidad y ficción; de ser así, podríamos aventurar que es éste uno de los motivos fundamentales del auge de las metaficciones durante la época contemporánea.

Para cerrar este apartado de estrategias metaficcionales de orden discursivo, expondré la forma en que la parodia intertextual contribuye a la configuración del efecto de autoconsciencia narrativa. Comencemos con la noción más admitida sobre el fenómeno intertextual. Encerrada en una célebre cita de *Palimpsestos*, la definición de intertextualidad sería, nos dice Genette, «cualquier relación que vincula a un texto b (al que llamaré *hipertexto*) con un texto anterior a (al que llamaré *hipotexto*), en el cual se injerta de una manera que no es la del comentario» (1982: 13)[21]. El hipotexto o texto previo está presente (o latente) en el hipertexto mediante la alusión, la citación, la codificación, el collage, la metaforización o el metacomentario —es decir, la ficcionalización del ensayo. La referencia, explícita o implícita, a una obra literaria precedente requiere de un conocimiento de dicha fuente por parte del lector. De igual forma que la parodia exige una cierta competencia del receptor para cobrar su efecto ya sea lúdico o reverencial, la relación intertextual permite que la narración metaficticia incorpore a su trama nombres propios, convenciones genéricas (architextualidad) o personajes ficticios de otras obras, con los cuales dialoga *desde* la ficción creada en sus páginas.

La mayor parte de los relatos y novelas comentados en este capítulo son susceptibles de ser analizados desde un enfoque intertextual; algunos de ellos, incluso, resultan prácticamente ilegibles en caso de desconocer el hipotexto («La cucaracha soñadora», «Conjetura sobre Cide Hamete»), mientras que otras incluyen en sí mismas narraciones de distintos autores ficcionales, elaborando una suerte de intertextualidad concentrada o autointertextualidad («La fiesta brava», *El garabato*, «Mona»).

Pese a que la intertextualidad paródica quizá sea una de las estrategias más fáciles de detectar, lo cierto es que existen obras cuyas propiedades intertextuales rebasan por mucho cualquier tentativa de repertorización e interpretación. Entre las numerosas posibilidades para ilustrarlo, elijo la novela *El color del verano (o Nuevo «jardín de las Delicias»)*, de Reinaldo Arenas, texto cuya complejidad y extensión ameritarían bastantes páginas para intentar al menos esbozar una descodificación de los más de ciento diez capítulos que la conforman. Previsores de las dificultades de la lectura, los editores de la novela

---

[21] «[T]oute relation unissant un texte B (que j'appellerai *hypertexte*) à un texte antérieur A (que j'appellerai *hypotexte*) sur lequel il se greffe d'une manière qui n'est pas celle du commentaire».

incluyeron desde la primera edición en español un glosario que «comprende, por voluntad de Reinaldo Arenas, sólo los nombres de los personajes reales ya fallecidos que se mencionan en el libro» (1999: 459-465), unas cuarenta entradas biográficas de escritores y artistas de diferentes nacionalidades. El esfuerzo, no obstante, resulta irónico, pues en dicho glosario se reportan los nombres reales de los autores, mientras que en el texto han sido modificados, carnavalizados, con el fin de ajustarlos al tono satírico de la novela: Nicolás Guillotina, H. Puntilla, la Jibaroinglesa (Guillermo Cabrera Infante), Zebro Sardoya, la Marquesa de Macondo, la Inmunda Desnoes, etc. La trama puede sintetizarse en apenas dos líneas: en 1999, Cuba se alista para conmemorar en grande el quincuagésimo aniversario de la Revolución –se han adelantado diez años por órdenes de Fifo, comandante en jefe. Pero el relato de la preparación y ejecución del festejo de la media centuria revolucionaria ocupa un mínimo espacio del discurso de más de 450 páginas; el resto de *El color del verano*, por lo tanto, es un intenso diálogo con la literatura cubana, desde José María Heredia y Gertrudis Gómez de Avellaneda hasta Norberto Fuentes y Eliseo Diego, al tiempo que se refrenda como una pieza fundamental dentro del ciclo narrativo de Arenas, la «Pentagonía Cubana».

Recordemos que la intertextualidad no se limita a las relaciones «a-b» dentro del ámbito literario, sino que este mismo vínculo se tiende desde diferentes plataformas narrativas (o susceptibles de ser narrativizadas, como la fotografía, el performance o la pintura) hacia la literatura y viceversa; de ahí que, además de las múltiples referencias históricas, genéricas y biobibliográficas que, más que insertarse, construyen *El color del verano*, las artes plásticas jueguen un papel esencial en la novela de Arenas, pues el subtítulo alusivo al tríptico de *El Bosco* no es gratuito en absoluto.

Emprender un estudio que aspire a develar las referencias intertextuales de *El color del verano*, como hemos intentado demostrar en estos párrafos, se antoja una labor ardua: un ejercicio crítico que reclamaría un amplísimo bagaje y un no menor espacio para su desarrollo. Ante todo, cabría preguntarse sobre la pertinencia de un análisis de corte intertextual alrededor de esta o cualquier otra novela metaficcional. Para los propósitos de esta investigación, las herramientas narratológicas en torno a los lazos que unen al hipotexto con el hipertexto nos sirven para demostrar que, tal como la ficción necesita de la realidad empírica en su proceso de elaboración del campo de referencia interno, el lector empírico requiere de las obras de ficción antecesoras a fin de lograr una refiguración o resignificación del texto b. Así pues, como colofón del presente capítulo en que se han combinado el discurso argumentativo y el descriptivo (quizá sobre todo este último), diremos que una de las formas de abordar la metaficción se basa en, primero, entenderla como un efecto o ilusión narrativa que pretende conducir la atención de su lector hacia el carácter de artificio de la obra en cuestión, esto es, señalar su carácter autorreflexivo; de lo que se desprende, en segundo término, una tematización del conflicto entre la realidad fáctica y la realidad potencial elaborada por la obra (en ocasiones más verosímil, pero no veraz, que la fáctica). Y, por último, que las estrategias generadoras de la metaficcionalidad en esa misma obra pueden distinguirse en prácticas estructurales, narrativas y discursivas, siendo lo de mayor importancia la conjunción simultánea de dichas estrategias, toda vez que, por sí solas, no dejan de ser técnicas más o menos habituales (y no por ello intrascendentes) en cualquier texto narrativo perteneciente a cualquier época, a cualquier latitud geográfica, inserto o no en un género literario concreto.

II.
Tres enigmas

Detectives, lectura y enigma

I.

Aunque no siempre de manera enteramente explícita, las literaturas policiales han estado vinculadas con la práctica escritural y con el libro en tanto objeto, ya sean éstos detonadores de la pesquisa o elementos imprescindibles para la resolución de una incógnita planteada: incunables, documentos falsificados, volúmenes agotados, inéditos o extraviados, textos robados o dispersos, plagios y escritos comprometedores son presencias recurrentes desde los inicios de la narrativa en cuestión, pues el contenido de los documentos escritos (como metonimia del conocimiento) representa la clave para descodificar los misterios por parte del héroe, una *epistemofilia* que, al contrario de las interpretaciones superficiales del género (el *suspense* por el *suspense* mismo, la novela policial como lectura de evasión), tiene su origen en la premisa cartesiana del uso infalible de la razón para explicar, científicamente, cada aspecto del entorno y del interior humano. Esta concepción positivista, que se propone nombrar, identificar, detallar e inventariar el universo mediante un raciocinio metódico, es el mismo fundamento utilizado por el detective clásico para comprender, y hacer comprender, el caos originado por el delito que investiga. Esa historia, la del delito, es una historia ausente en el discurso policial, y corresponde al detective hallarla gracias a un proceso mental retrospectivo, esto es, *leerla*, para enseguida *interpretarla* y al final *relatarla*, poco importa que sea narrada por él mismo, por mediación de otro personaje o por un narrador externo. Así, el enigma del texto ausente al que se dedica esta investigación no sólo hace referencia a la temática de cierta literatura de detectives, sino, de manera más simbólica, al hecho de que esa parte de la historia, la de la perpetración del crimen, debe estar ausente para que el relato de la detección cobre sentido, de ahí que, en una novela de Agatha Christie o de cualquier otro autor de *murder party*, el cadáver de un personaje, más que provocar horror, miedo o compasión en el lector, funcione como el elemento que concretiza, da cuerpo (por paradójico que suene), a dicho hueco de la diégesis.

El cuento que configura la estructura de la narrativa de detección, «The Murders in the Rue Morgue», de Edgar Allan Poe, contiene en sus primeras páginas una especie de poética del género que inaugura; su íncipit, «Las características de la inteligencia que suelen calificarse de analíticas son en sí mismas poco susceptibles de análisis» (1985: 368), da cuenta de la dificultad para desentrañar lo que, a primera vista, parece impenetrable, y en dicha frase está planteado, también, un desafío, mismo que será el soporte del pacto de lectura entre los textos policiales y sus lectores a lo largo de la historia literaria. Inteligencia y análisis son dos conceptos clave para el primer desarrollo de la literatura de detección, pues nunca debemos perder de vista que se trata de un género cuyo personaje central ha surgido de los fundamentos de la modernidad, y que encarna al vengador individual diseñado a partir del modelo del *bandido justiciero* propio de las novelas por entregas; así, el héroe de folletín, que representa los valores más preciados para los miembros de una sociedad, cede su lugar al *dandy* urbano, introspectivo y excéntrico, que a veces tiende a la misantropía, y dotado de una capacidad analítica fuera de lo ordinario.

Tal sería una descripción somera de Holmes (Conan Doyle), de Rouletabille (Leroux), de Tabaret (Gaboriau), de Andrés L'Archiduc (Waleis) y por supuesto de Dupin, ciudadano francés perteneciente a una familia burguesa en obvia decadencia y condecorado con la Legión de Honor por razones no especificadas. Se trata, pues, de un individuo letrado y sin oficio determinado, ocioso, despreocupado y nocturno, habitante de un París de ecos románticos y góticos en plena Monarquía de Julio pero en cuyo ambiente se percibe ya la instauración de la Segunda República Francesa (1848), un personaje tipo que más tarde recibirá por parte de Baudelaire, traductor al francés de la «trilogía Dupin» en 1855, el apelativo de *flâneur*, es decir, uno de los roles citadinos más característicos de la modernidad y para quien, como escribe Balzac en *Physiologie du mariage*, «flâner est une science, c'est la gastronomie de l'œil. Se promener c'est végéter; flâner, c'est vivre». Esto nos lleva de forma natural a considerar el paralelismo entre el incipiente personaje del detective y el burgués que explora la ciudad sin una meta prefijada en apariencia y, como veremos más adelante, con los requerimientos del acto de lectura. Dicha correlación, analizada por Walter Benjamin en su ensayo «El flâneur», no sólo justifica que los personajes y la situación del cuento de Poe hayan sido ubicados en la capital francesa, sino que nos confirma el eminente carácter urbano del protagonista de prácticamente cualquier relato detectivesco.

El investigador observa con particular agudeza, como haría el *flâneur* mientras camina por los parajes citadinos, los detalles de la escena del crimen; ambos sujetos requieren del tiempo necesario para leer en los indicios recogidos las historias ocultas (ya sea en las fachadas de los edificios o al interior del cuarto cerrado donde se ha cometido un asesinato), satisfaciendo una obsesión voyerista que los incita a detectar y luego comprender los códigos de la urbe y sus habitantes anónimos, todos ellos víctimas y criminales en potencia. Esa es la forma en que, como argumenta Benjamin, el investigador amateur «legitima su paseo ocioso. Su indolencia es sólo aparente. Tras ella se oculta una vigilancia que no pierde de vista al malhechor. Y así es como el detective ve abrirse a su sensibilidad campos bastante anchurosos. Conforma modos del comportamiento tal y como convienen al "tempo" de la gran ciudad. Coge las cosas al vuelo; y se sueña cercano al artista» (1980: 55-56).

No olvidemos que para el *flâneur* y para el detective, en tanto aspirantes a artistas, el *spleen* baudelairiano es un requisito imperativo, un estado al que no tiene acceso el individuo común de la ciudad. Ambos pueden ser pobres aunque no lo aparenten, mas nunca obreros: su labor es conducida, más que por el esfuerzo físico, por el pensamiento abstracto plasmado, a su vez, en expresiones concretas, ya sea literarias, visuales o resolutivas (en el caso de un enigma), de tal forma que, si en el imaginario moderno y romántico la creatividad artística está vinculada con la noción de inspiración, las deducciones del investigador, en ese mismo contexto, son producto inequívoco de sus facultades analíticas y de observación. Desde una perspectiva simplificadora pero digna de tomar en cuenta, la narrativa policial parecería estar comunicando un mensaje similar al de las épicas mitológicas o de los mitos de la creación, esto es, el combate entre fuerzas contrarias y complementarias que perduran, con un cierto equilibrio, a lo largo del tiempo. Esa lucha del bien contra el mal, esa separación dicotómica que se encuentra en las bases de prácticamente todo constructo teológico, es reproducida por el relato de detección en diferentes niveles:

Caos || *Orden*
Barbarie || *Civilización*
Ocultamiento || *Revelación*
Ceguera || *Observación*
Ignorancia || *Conocimiento*

En el primer capítulo se hacía notar cómo el cuento «Los crímenes de la calle Morgue» recurre a un animal salvaje, proveniente de una lejana isla asiática, para originar una tragedia sangrienta e irracional en el departamento parisino de Mme y Mlle D'Espanaye, o sea, la barbarie (del adjetivo peyorativo βάρβαρος, «extranjero», «balbuceante») penetrando en uno de los centros simbólicos de la civilización occidental. Por tanto, no es de extrañar que en ese discurso polarizado que subyace en el relato policial hallemos, con distintos matices, una recurrencia al tema de la alteridad, es verdad que no siempre con un tono estigmatizante y punitivo, sino, en todo caso, *denominativo*, pues descubrir al culpable equivale a colocar un rostro a quien propicia el caos, asignarle una identidad y, con ello, abatir cualquier hipótesis sobrenatural en torno al misterio de la historia. Acerca de dicho tema, el teórico Jacques Dubois llega a plantear que, una vez logrado el reconocimiento de ese afán denominativo, «tocamos lo más recóndito de la problemática policial, problemática que posee un nombre: identidad. "¿Quién es el culpable?" ha sido, desde siempre, la interrogante de partida, lo cual equivale a decir: "¿Quién es el otro?"» (1992: 104)[22].

En cuanto a la novela policial que inicia el género en Latinoamérica, *La huella del crimen*, del argentino Raúl Waleis, observamos que el culpable del asesinato de la condesa de Campumil es un individuo que, a pesar de su aspecto y de su título nobiliario, no encaja con la normatividad social de la época –al igual que la víctima, acusada de adúltera–, y cuya salud mental está en entredicho hasta que, en el desenlace, se vuelve loco tras pronunciar su confesión; así, no obstante el obvio propósito didáctico del texto, la consigna principal de *La huella del crimen* –«el criminal es un enfermo, y la justicia y los hombres que ella emplea le tratan como a tal» (Waleis 2009: 237)[23]– no deja dudas sobre el plano ético-positivista en el que se colocan tanto la narración como el narrador. El «otro», la *amenaza externa*, como sabemos, varía según las culturas y la coyuntura histórica de cada una de ellas, pero a diferencia del mal, el cual debe ser neutralizado y combatido de acuerdo con la mayoría de postulados religiosos y morales, en el racionalismo moderno se reclama, ante todo, un esclarecimiento que permita comprender esa diferencia (sin llegar todavía al grado de justificarla o aceptarla). Esto nos trae de vuelta a la cuestión del raciocinio como soporte de un género cuyo anclaje en la modernidad es indisoluble, incluso en sus manifestaciones contemporáneas.

---

[22] «Nous atteignons au plus intime de la problématique policière, et cette problématique a un nom: identité. "Qui est le coupable ?" est, depuis toujours, la question de départ. C'est-à-dire : "Qui est l'autre ?"».

[23] Al igual que «Los crímenes de la calle Morgue», la acción de la novela de Waleis está localizada en París y sus alrededores, en el año 1873.

A riesgo de que parezca repetitivo, en este fragmento de la investigación se busca dejar en claro la importancia del cientificismo en los escritos más tradicionales de la ficción detectivesca, así como en las creaciones más recientes que emplean el registro del policial, de ahí que encontremos una bibliografía inmensa alrededor de las tres figuras del razonamiento lógico (deducción, inducción y abducción, según Charles S. Pierce) con relación al método del personaje del detective, material teórico que recorre el espectro de la narrativa policial temprana, como *Le «Detective Novel» et l'influence de la pensée scientifique* (París, 1929) de Régis Messac, hasta las más recientes evocaciones del investigador privado de la ficción en películas y series televisivas, como *Sherlock Holmes and Philosophy. The Footprints of a Gigantic Mind* editado por Josef Steiff (Chicago, 2011), pasando por los eruditos exámenes de lógica y semiótica incluidos en *The Sign of Three: Dupin, Holmes, Pierce* (Indiana, 1983), editado por Umberto Eco y Thomas A. Sebeok. Por otro lado, no está de más anotar que Edgar Allan Poe llamó *tales of ratiocination* a sus tres cuentos de Dupin y a «The Gold-Bug», mientras que Waleis adjudica a *La huella del crimen* el subtítulo «Novela jurídica original», es decir, «con la formulación copiada de las ediciones francesas de las novelas de Émile Gaboriau» (Setton 2009: 9)[24]. La adjetivación *policial* (o su equivalente en inglés), sin embargo, es aplicada por primera vez en 1879 para *The Leavenworth Case*, de la escritora estadounidense Anna Katharine Greene, quien designa su novela con la indicación genérica «*A Detective Story*».

Ahora bien, sabemos que desde la invención de la imprenta en el siglo XV, y más aún, tras la construcción de la imprenta mecánica de vapor a principios del XIX, el costo de producción de los libros disminuyó de forma notable. Si añadimos que un porcentaje más o menos importante de la población de los asentamientos urbanos estaba alfabetizada, en comparación con los siglos precedentes, y podía tener acceso a los libros, no es difícil suponer que la aparente democratización de la lectura haya abonado a la consolidación de la autoridad e influencia de la palabra escrita, quizá no al grado extremo que supone Marshall MacLuhan en su libro *La galaxia Gutenberg* (esto es, una nueva organización cognoscitiva, y por lo tanto cultural, en Occidente, a partir de la invención de los tipos móviles), sino en todo caso como una expresión de la humanidad para codificar, mediante la tipografía, su cosmovisión moderna. De cualquier forma, pensar en el libro como el objeto depositario del saber por antonoma-

---

[24] En efecto, la primera edición en un solo volumen de *L'Affaire Lerouge* (1866) era presentada como un *roman judiciaire* por parte del editor Eugène Dentu.

sia, como emblema de la educación y del progreso, implica, por fuerza, una exclusión de los sectores no ilustrados gracias a la cual, en consecuencia, se sigue prolongando la distribución vertical, estratificada, de clases sociales y, más precisamente, la jerarquización según el nivel de instrucción escolar. La confianza en la ciencia, en la razón y en el conocimiento, aunque extendida, es propiedad de quienes participan de la cultura escrita; la letra impresa, por lo tanto, ostenta un valor reverencial y prácticamente incuestionable («*quod scripsi, scripsi*»), ya que, como aduce Margaret Meek, «el predominio de la ciencia en nuestra cultura favorece la idea de que el pensamiento racional tiene que asimilarse mediante un largo aprendizaje de la lectura y la escritura, en la escuela, en las bibliotecas, en el laboratorio» (2004: 67). Dicha valoración casi fetichista del libro es la noción que nos permitirá establecer el vínculo entre el documento escrito y el registro policial[25].

Refiramos de nueva cuenta el relato de Poe, «Los crímenes de la calle Morgue», precisamente las líneas donde el autor implícito traba conocimiento con Auguste Dupin, el primer detective amateur de la literatura[26]: «Mientras residía en París, durante la primavera y parte del verano de 18…, me relacioné con un cierto C. Auguste Dupin […]. Nuestro primer encuentro tuvo lugar en una oscura librería de la rue Montmartre, donde la casualidad de que ambos anduviéramos en busca de un mismo libro –tan raro como notable– sirvió para aproximarnos» (1985: 371). No es fortuito, pues, que el cruce entre el narrador y el futuro arquetipo del detective ocurra en una librería, pues denota el punto de contacto más evidente entre sus aficiones: la *bibliofilia*. Tras ese

---

[25] De acuerdo con Jacques Dubois (1992), así como el texto impreso es un elemento recurrente en la ficción de detectives, la fotografía como indicio y el ferrocarril como vía de transporte y como modificador del acto lectura han tenido una notable influencia en el desarrollo del discurso (de eminencia moderna) del género policial. Un claro ejemplo de la fotografía lo encontramos en el primer relato corto de Holmes, «A Scandal in Bohemia» (1891), donde el *objeto escondido* es un retrato de Irene Adler, personaje enigmático que suele ser recordado como el único capaz de engañar al detective. Para el caso del ferrocarril, baste recordar *Murder on the Orient Express* (1934) de Agatha Christie, cuyo enigma de *cuarto cerrado* se ciñe al entorno de un compartimento de tren donde un criminal es ajusticiado, como en *Fuenteovejuna*, sin que haya un único verdugo.

[26] Aunque, para fines prácticos, suele darse por concluida la polémica entre quienes otorgan a Dupin el título de primer detective y quienes abogan por un surgimiento más antiguo del personaje (según la escuela teórica francesa serían, por ejemplo: Edipo, el profeta Daniel, Zadig, Vidocq), es necesario subrayar que en los cuentos escritos por Poe, además de la estructura de la investigación, se reúnen por primera vez los tópicos que consolidan a cada uno de los actores característicos del género: víctima, culpable, detective.

primer encuentro, vuelven a coincidir durante su búsqueda de aquel libro, cuyo título nunca se menciona, hasta que por fin deciden compartir un viejo departamento de bajo precio.

Las publicaciones impresas juegan un rol esencial en el desarrollo de la trama; la noticia publicada en la *Gazette des Tribunaux* contiene, además de la descripción del lugar del crimen de la calle Morgue, una serie de entrevistas a diferentes testigos auditivos de la masacre, cuyas declaraciones acerca de la nacionalidad del asesino a partir de las palabras escuchadas jamás concuerdan. Basándose en la lectura del artículo periodístico, Auguste Dupin deduce que los testigos «quisieron» oír frases en lenguas extranjeras (que, por cierto, desconocen), dando por hecho que se trataba de una persona, sin pensar que podía ser un animal, lo cual se confirma gracias al análisis del pelo recogido en las uñas de una de las víctimas y las marcas dejadas en el cuello de ésta al haber sido asfixiada. Resultado: el sospechoso es una bestia exótica procedente de una de las islas de la India oriental, anatómicamente detallada en un libro del zoólogo Georges Cuvier. Para atraer al dueño del orangután y corroborar su hipótesis, el protagonista hace publicar en *Le Monde* un anuncio sobre la captura del simio, señalando que el dueño, marinero de oficio, puede pasar a reclamarlo a la dirección de Dupin y el narrador. La estratagema del anzuelo impreso en el periódico, repetida una y otra vez en la narrativa policial, surte el efecto deseado. El marinero confiesa su complicidad involuntaria en los asesinatos, el orangután es recuperado sin ninguna explicación y, por primera vez y para siempre, el jefe de policía es humillado por el detective amateur. Es así como se resuelve el célebre misterio de la calle Morgue y se establece, si bien de manera no muy sólida aún, uno de los dos modelos básicos del «documento impreso» como motivo de la ficción policial: el texto como indicio necesario para disolver el misterio.

Del cuento «The Mystery of Marie Rogêt», secuela del relato citado, sólo diremos que versa sobre la capacidad deductiva de Auguste Dupin al resolver un asesinato sin necesidad de hacerse presente en la escena del crimen, ya que le basta con leer los detalles proporcionados por los diarios parisinos; en este caso, los textos conforman el único material disponible para llegar al último eslabón. Más interesante es, para los fines de nuestra argumentación, revisar el tercer y último cuento de la serie.

«The Purloined Letter» relata la sustracción de una carta comprometedora y los vanos intentos del cuerpo policiaco por recobrarla, pese a conocer al ladrón desde el principio. Se trata, sin duda, de uno de los cuentos de Poe que más análisis y comentarios ha merecido por parte de la crítica literaria, particularmente de la crítica especializada en narrativa policial, debido a que, así como «Los crímenes de la calle Morgue» da forma a la historia del *cuarto cerrado* (*locked-room mystery*, *chambre close*), «La carta robada» establece la pauta de las tramas fundamentadas en el enigma del *objeto escondido*.

En el «Seminario sobre "La carta robada"», Jacques Lacan analiza dicho relato a partir de la idea del *desplazamiento de miradas*. Según esta noción, la técnica del autor implícito consiste en dotar a sus personajes principales de miradas cuya gradación ascendente les permite sondear las acciones del otro desde un nivel superior. La unidad de esta repetición intersubjetiva funciona, y es verosímil en la diégesis, porque dicha carta, al ser tan codiciada, *debería* estar perfectamente escondida. La anécdota, como se sabe, finaliza cuando Dupin halla el documento en el lugar más perceptible del despacho del ministro D., tras inferir que éste ha utilizado el método del automatismo de repetición para «hacer invisible» la carta (cuyo contenido permanece incógnito para el lector), colocándola sobre su escritorio, a la vista de quienquiera que tenga acceso a la oficina, pues, en palabras de Lacan, «lo que está escondido no es nunca otra cosa que *lo que falta en su lugar*, como [...] cuando un volumen está extraviado en la biblioteca. Y aunque éste estuviese efectivamente en el anaquel o en la casilla de al lado, estaría escondido allí, por muy visible que aparezca» (1971: 19. Énfasis del original). La ceguera «inducida», entendida no como debilidad visual sino como la incapacidad de observar, es el ardid empleado por el ladrón para retar a la policía, y derrotarla en ese juego de inteligencias accionado por el robo de la carta, seguro de que lo evidente pasa inadvertido para las miradas obstinadas en escudriñar los detalles de la habitación. Esta misma ceguera inducida se extiende a la esfera del espectador, el cual, si bien atestigua paso a paso el desarrollo de la trama, es incapaz de observar la información que el texto le esconde, ya sea omitiéndola o disimulándola entre datos irrelevantes; de ahí que Pierre Bayard, en su estudio sobre la obra de Agatha Christie, concluya que «cada libro relate, más allá de la anécdota policial, la misma historia tantas veces repetida: la ceguera gradual de quienes la están leyendo» (2008: 38)[27]. Como se ha dicho, las relaciones de poder y dependencia se van tejiendo en orden ascendente, desde el que nada ve (la víctima) hasta el que vio todo (quien ha cometido el delito). No es por azar, en consecuencia, que quien pretende situarse en la plataforma más alta del escenario de esa tragedia de enredos que

---

[27] «chaque livre raconte, au-delà de l'anecdote policière, une même histoire à chaque fois rejouée : l'aveuglement de ceux qui la lisent».

es la narrativa policial acostumbre llevar consigo un fetiche de la observación: la lupa, representación icónica del detective ficcional.

De la conflictiva carta, el jefe de la policía dice que «cierto documento de la mayor importancia ha sido robado en las cámaras reales [...]. Dicho papel da a su poseedor cierto poder en cierto lugar donde dicho poder es inmensamente valioso» (Poe 1985: 454). La amenaza latente debe ser neutralizada por el investigador, para lo cual éste debe dar un salto en el escalafón de las miradas; una vez extraída la carta del despacho del ministro D., la probabilidad de que perpetre un chantaje en contra de la reina se desvanece en su totalidad, quedando el primero vulnerable frente al nuevo dueño del documento. Con relación al primer relato del ciclo, la función del documento escrito se modifica: de ser un indicio imprescindible para completar la investigación con éxito, ahora se presenta como el objeto por encontrar, no por su valor económico en sí, sino como el arma potencial cuyo mensaje puede generar una catástrofe palaciega.

Así pues, encontramos dos funciones básicas de los documentos en las tramas de detección, presentes desde la saga que inaugura la retórica del género y de los registros policiales. En la primera, comunica el código para despejar la incógnita: es el medio para interpretar y desenmarañar el caso, como el mapa que necesita ser cotejado con el espacio físico que duplica en menor escala, pues sin la interpretación su poder permanece inactivo; en la segunda, observamos que el documento es la meta por alcanzar, ya sea para ejercer las ventajas que garantiza su posesión o bien para evitar que otros echen mano de esa hegemonía implícita. Pero, en ambos casos, se trata de textos «ausentes» en el plano inmediato, ocultos para las miradas de todos los actores del drama, salvo para la del detective.

II

Los ejemplos de personajes que hacen explícita la relación entre detección y lectura en el ámbito de la ficción policial son abundantes, pues van desde los detectives coleccionistas de libros raros y ediciones singulares de la Biblia, como Lord Peter Wimsley y el abogado *Mandrake*, de Dorothy Sayers y Rubem Fonseca, respectivamente, o Victor Legris, detective y vendedor de libros en el París de la *Belle Époque*, creado por Claude Izner, hasta aquellos que, al contrario, en cada aventura incineran un volumen de su biblioteca personal, como Pepe Carvalho, de Manuel Vázquez Montalbán (y, en un sentido extremo, el incendio que provoca el bibliotecario Jorge de Burgos en el desenlace de *El nombre de la rosa*). En muchas ocasiones, parte de la excentricidad del investigador se refleja en su peculiar relación con los libros y la literatura: el comisario ateniense Kostas Jaritos, personaje creado por Petros Márkaris, tiene como única afición leer y coleccionar diccionarios sobre los temas más variados; el inspector jefe de la policía de Shanghai, Chen Cao, protagonista de la serie escrita por Qiu Xiaolong, estudió letras, es poeta y traductor de novela negra estadounidense, mientras que el teniente habanero Mario Conde, de Leonardo Padura, se presenta como un escritor frustrado de la generación de la revolución cubana, más admirador de Hemingway y Salinger que de Cienfuegos o Ernesto Guevara. Asimismo, la intertextualidad genérica es un rasgo bastante común en las obras policiales, principalmente en lo que respecta a la alusión tópica[28], práctica que George Dove, en su libro *The Reader and the Detective Story*, denomina «hábito autorreflexivo», esto es,

> la costumbre de la ficción policial de llamar la atención hacia sí misma, [la cual] surge en "Los crímenes de la calle Morgue", cuando Dupin critica a François Vidocq, un inspector de policía cuyas *Memorias*, bastante ficticias, eran populares en los tiempos de Poe. [...] Más tarde, Sherlock Holmes menosprecia a Dupin, y la convención se vuelve una de las tradiciones establecidas en el género, a tal grado que, aún hoy, es difícil encontrar un relato en el que nadie haga mención a [...] detectives de la literatura o de la televisión. (1997: 80-81)[29]

Por último, queda referir aquellas historias donde, como en «La carta robada», el tema central de la investigación es la búsqueda de un documento,

---

[28] De acuerdo con Luz Aurora Pimentel, la *alusión tópica*, una de las manifestaciones de la relación intertextual indirecta, se define como aquella «referencia más o menos velada a eventos recientes, y por lo tanto a textos históricos periodísticos, etcétera» (1993: 224). Optamos aquí por llamar *alusión tópica* a la mención de un personaje o situación precedentes, relativos al espectro de las narrativas policiales, sin que se trate de una alusión textual directa, sino, más bien, como el intento por establecer un diálogo entre obras del mismo género y, con ello, formular un «metacomentario».

[29] «Detective story's habit of calling attention to itself [...], originated in "The Murders in the Rue Morgue", where Dupin takes occasion to criticize François Vidocq, a police detective whose largely fictional *Memoires* were popular in Poe's time. [...] Later Sherlock Holmes disparaged Dupin, and the convention became one of the established traditions of the genre, to the extent that today it is still difficult to find a story in which someone does not refer to [...] detectives in print and on television». Según la propuesta teórica de la metaficción discutida en el capítulo anterior, el «hábito autorreflexivo» que menciona Dove estaría compuesto por lo que denominamos «imágenes reflexivas» (*mise en abyme*) y por los «nombres propios referenciales» (*role-playing*).

lo que en el mercado editorial anglosajón se conoce como *bibliomysteries*. Este subgénero de las literaturas policiales suele estar ligado, sobre todo en la narrativa estadounidense, al *best-seller*. Llama la atención el creciente interés de los lectores angloparlantes hacia este tipo de narraciones durante las últimas décadas. Podría decirse que, así como en el periodo de la guerra fría predominó la novela de espionaje, el *bibliomystery* es uno de los temas de actualidad en la ficción de detectives, junto con las teorías de conspiraciones o las fusiones entre la temática histórica y el registro de la narrativa policial. En tanto literatura de consumo masivo, el género policial tiende a absorber asuntos de interés común y desplegarlos sobre un esquema narrativo bien conformado, provocando una sensación de enriquecimiento de la cultura general en su lector, un efecto de «estar aprendiendo» sobre determinadas costumbres (religiosas, políticas y hasta culinarias), sobre historias nacionales o geopolítica, y no sólo estar perdiendo el tiempo en la lectura de un relato fácil y olvidable. Temas de moda, «coyunturales», como el narcotráfico, las tribus urbanas, los crímenes de Estado, la neurolingüística, la ciencia forense o las conspiraciones vaticanas, todo ello es material redituable que va satisfaciendo la avidez del lector por «dosis de sabiduría» y convirtiendo en líderes de ventas textos de diversa calidad literaria, pero perfectamente llevados por tramas formulaicas impecables y de éxito asegurado.

Al menos de forma potencial, la fórmula de la ficción detectivesca puede servir de patrón para cualquier tipo de anécdota; sin embargo, resulta sintomático que ciertos tipos de ficción policial (o mejor dicho, temáticas abordadas *desde* el registro o el género policiales) alternen su popularidad en relación con las preocupaciones inmediatas de la cultura en que se insertan. Así, por ejemplo, observamos que las tendencias temáticas varían de un país a otro, y pocas son las obras que consiguen trascender ya no las fronteras de la lengua, sino por lo pronto las fronteras delineadas por la distribución editorial. En consecuencia, salvo pocas excepciones, las obras policiales suelen llevar la impronta de su origen, y bien pueden ser interpretadas como crónicas testimoniales, la mayor parte de las veces con un matiz denunciatorio (de ahí el fuerte vínculo entre el periodismo de nota roja y la *non-fiction novel* o novela-testimonio: *In Cold Blood*, *Los albañiles*, *Operación Masacre*), circunstancia que revela, por mencionar un mínimo de casos, que la novela policial cubana de los últimos años se centre en los cambios que sobrevinieron tras la caída del muro de Berlín; en el caso de la narrativa argentina, los años de la Junta Militar y, más recientemente, la crisis económica de 2001; en Perú, los conflictos de la época de Sendero Luminoso; en Europa occidental, la dificultad para lograr una adaptación favorable por parte de los inmigrantes; las operaciones de grupos de ultraderecha, en los países escandinavos; en México, el fenómeno de la narcoviolencia. ¿A qué se debe entonces la popularidad de los relatos de misterio asociados al ámbito bibliográfico? Aunque a primera vista pueda parecer una temática ajena al acontecer histórico inmediato y a sus problemáticas más agudas, el *bibliomystery* contemporáneo (o como preferiremos llamarlo, *enigmas de texto ausente*[30]) retoma la idea de los primeros relatos de detección que hemos revisado páginas atrás, no obstante la distancia temporal, de manera que la búsqueda del documento, entendida como el motivo literario[31] de su trama, genera el revelamiento de información alterna u oculta sobre el pasado, en particular sobre la historia de bronce redactada desde las instancias oficiales. Si a ello se le agrega el eminente carácter lúdico de la ficción policial (también llamada novela-problema, *puzzle*), no en un sentido de evasión o frivolidad sino en la necesaria participación del lector o espectador durante su recorrido interpretativo (dado que el relato edifica y derriba constantemente sospechas, expectativas), vale conjeturar que un estudio sobre las estrategias metaficcionales en las narraciones que nos ocupan puede ayudarnos a comprender, de forma global, el interés despertado por la narrativa de detectives, detrás del cual, quizá, se encuentre la misma *epistemofilia* característica del investigador ficcional, transferida al dominio del espectador.

Para continuar delineando las conexiones entre los detectives literarios, la lectura y el enigma, veamos ahora algunas nociones teóricas específicamente desarrolladas para el análisis del relato policial y su lectura, mismas que, aunadas a la propuesta de estrategias de la metaficción del capítulo precedente, nos permitirán emprender el análisis empírico de novelas concretas. Aprovecharemos la reciente mención del concepto de «juego» en la novela policial, acudiendo a la siguiente cita de Colas Duflo: «El relato policial está diseñado como un juego único que espera que utilicemos sus reglas para hacer trampa a

---

[30] Dentro de las letras latinoamericanas contemporáneas encontramos textos que ponen en evidencia dicha temática, como *Bufo & Spallanzani* (1986) de Rubem Fonseca, *El simulador* (1990) de Jorge Manzur, *Filosofía y letras* (1998) de Pablo de Santis, *La obra literaria de Mario Valdini* (2002) de Sergio Gómez, *Cóbraselo caro* (2005) de Élmer Mendoza, *El manuscrito Borges* (2006) de Alejandro Vaccaro y *Ricochet o los derechos de autor* (2007) de Luis Arturo Ramos.

[31] Para el empleo del concepto de «motivo literario» utilizo la síntesis de los postulados de Ernst-Robert Curtius llevada a cabo por Claudio Guillén: «*Motif* es para él [Curtius] lo que objetivamente hace posible el argumento, lo que invita a su composición: la intriga, fábula o *mythos* de Aristóteles […]. Los motivos se dan, se hallan o se inventan; sin ellos es difícil acceder al drama o a la novela» (2005: 275).

esas mismas reglas» (1995: 107)[32]. Con esta afirmación, Duflo intenta mostrar que una característica discursiva del relato de detección es el flujo constante de hipótesis que el lector va figurando en la progresión de su lectura. Si damos por hecho que todo texto construye su propio reglamento de juego (heterocosmos, campo de referencia interno) para, por decirlo de alguna manera, «persuadir» al lector de aceptar el pacto de verosimilitud, ¿qué sentido tendría formular normativas para después violarlas? ¿Se viene abajo la verosimilitud establecida? En efecto, cuando existen debilidades en la lógica interna de un relato en el plano diegético (en la *fábula*), la convención entre texto e intérprete puede fracasar, no así en el plano discursivo, donde la posible «incongruencia» o trampa estaría dada por los huecos en la narración (el misterio, lo desconocido) y por las falsas pistas que, tarde o temprano, deberán ser explicadas como tales gracias a la corroboración de las pistas verdaderas. Los espacios de indeterminación descritos por los teóricos de la recepción[33], al ser insinuados por el texto, se vuelven *espacios de inculpación* abocados a responder el cuestionamiento clave de toda historia de detección: «¿Quién fue?» El juego consiste, pues, en la actividad del intérprete al intentar hallar la respuesta (lo que equivale al acogimiento de las reglas), mientras que las trampas, de las cuales también está advertido, serán dadas por lo que el discurso calla, pero no niega. Esto es, un discurso sembrado de sospechas hacia los personajes, pero principalmente hacia el emisor del discurso.

Engaño o no, lo anterior nos lleva a concluir, junto con Duflo, que «la hermenéutica lúdica del libro-juego […] pretende restablecer la secuencia auténtica de las causas y efectos que nos es dada en desorden y con elementos faltantes […]. No se trata de una novela sobre el orden de las cosas, sino de una novela sobre el orden en que se dicen las cosas» (1995: 128)[34], de manera que el lector (o como hemos venido llamándolo, el *intérprete*, duplicación metaficcional del detective) tiene como misión en ese *livre-jeu* descubrir la secuencia del discurso, dado que, así como la búsqueda de un texto está tematizada en algunas novelas

---

[32] «[L]e récit policier se dessine comme ce jeu unique qui attend de ses règles qu'on s'en serve pour tricher avec ses règles».

[33] Según Wolfgang Iser, «[l]os lugares vacíos del texto son pausas ofrecidas a la reflexión del lector. Le dan la oportunidad de introducirse en los sucesos para poder construir su sentido» (1989: 293).

[34] «L'hermenéutique ludique du livre-jeu […] vise à rétablir l'ordre veritable de causes et d'effets qui nous est donnée dans le desordre et avec des éléments manquants […]. Il ne s'agit pas tant d'un roman sur l'ordre des choses que d'un roman sur l'ordre dans lequel on parle des choses».

policiales que Stefano Tani denomina como antidetectivescas[35], la detección está presente entre el autor implícito que «oculta» pistas al escribir su relato y el lector que desea darles un sentido, efectuándose una *mise en abyme* de la ficción de enigmas, una de las características de la narrativa metaficcional, pues «[una] metaficción no es, en definitiva, una novela cuyo autor es tanto escritor como crítico, sino una novela que dramatiza la frontera entre ficción y crítica» (Currie 1995: 3)[36].

Como habrá podido notarse, las investigaciones que exploran la relación entre la narrativa de detectives y el acto de (su) lectura son deudoras de las pautas teóricas de la estética de la recepción. Además de los espacios de indeterminación, prácticamente tematizados en el relato policial (por lo que los he llamado *espacios de inculpación*), otra noción esencial para comprender las teorizaciones recientes en este campo de la literatura es el *horizonte de expectativas*. Dado que se trata de un tipo de narrativa bastante codificada, y, aunque pudiera parecer discordante, masificada, el horizonte de expectativas del lector se ve guiado incluso antes de conocer la trama del relato; por ello, sin adentrarnos en una discusión sobre las variantes de las literaturas policiales, es pertinente recordar, a grandes rasgos, algunas de las características comunes de los libros que solicitan, vía paratextual, una *lectura policial*.

Algo que parece obvio son las marcas de identidad de las colecciones editoriales especializadas. Descartando el *giallo*, «amarillo», de la tradición italiana, los lectores hispanohablantes, francófonos, catalanes, rumanos y anglosajones (cuando menos) relacionamos el adjetivo «negro» con las historias de detectives. Y aunque sobran estudios que efectúan el pertinente deslinde entre la narrativa «policial clásica» y la «negra», los directores de las colecciones, en su gran mayoría, optan por agrupar cualquier relato de misterio o de detección en el mismo conjunto de libros, preferentemente con cubiertas oscuras o con un icono distintivo, todo ello por obvios motivos editoriales y de mercado. Incluso la disposición de los ejemplares dentro de una librería suele jugar un papel importante para orientar al comprador, a tal grado que una novela carente de evidentes paratextos editoriales que lo vinculen con cierto género literario, por el hecho de ser consignada en determinado anaquel, adquiere ya un estatus genérico, al menos en la dinámica comercial. He ahí las primeras

---

[35] Véase el segundo apartado de nuestro primer capítulo. Para mayores referencias, véase Tani 1984: 35-51.

[36] «[a] metafiction is not definitively a novel whose author is both a writer and a critic, but a novel which dramatizes the boundary between fiction and criticism».

guías de lectura, las cuales, en muchos casos, se verán reforzadas por colecciones particulares de ciclos narrativos protagonizados por un investigador («Serie inspector jefe Chen Cao», «Serie Detective Kinsey Millhone» «Serie Wallander», de Tusquets); lo mismo puede decirse de los boletines especializados, cuya publicación electrónica en páginas o blogs, principalmente, influye de forma notable en la expectativa inmediata del lector potencial. Si a eso le añadimos la profusión de series televisivas y de películas inspiradas en la literatura policial (fenómeno tan antiguo como el primer cortometraje sobre Holmes: *Sherlock Holmes Baffled*, American Mutoscope, 1900, 35 seg.), no debe extrañarnos que, incluso sin tener una experiencia lectora previa, prácticamente cualquier persona posee un repertorio básico de los temas, clichés y estructuras más frecuentes del género.

Una de las características de la narrativa de masas es la rigidez de sus paradigmas. Ya sea por hábito, o por simple comodidad, el lector de una historia de detectives desarrolla no sólo una intuición, sino también un gusto por el juego que representa su lectura. A consecuencia de ello, sus expectativas se vuelven más duras y, por lo tanto, se genera una suerte de recelo a aceptar relatos que no cumplan con las convenciones aprendidas. Esto explica, en gran medida, que sigan proliferando libros que poco o nada varían de los esquemas policiales creados por Agatha Christie o Dashiell Hammett.

Ejemplo de estas expectativas casi inamovibles, sin importar la época, es la necesidad de un héroe, es decir, la instancia que cohesione una serie narrativa, ya sea un detective privado, un policía o un delincuente. En este sentido, es bastante ilustrativa la resurrección forzada de Sherlock Holmes, quien, una vez muerto en las cascadas de Reichenbach, Suiza, junto con su antagonista, el profesor Moriarty («The Final Problem», 1893), revive meses después gracias a la presión ejercida sobre Conan Doyle por parte del editor de la *Strand Magazine* y de los lectores, o la condición impuesta a Ed McBain, creador de la serie policial «Distrito 87», de reescribir el final de su tercera novela, donde el héroe, Steve Carella, habría de ser asesinado (*The Pusher*, 1956). De forma análoga, en 1989, durante una conferencia ofrecida por Paco Ignacio Taibo ii, los asistentes, a pregunta expresa del autor, votan a favor del retorno del detective independiente Belascoarán Shayne, muerto en la última novela del proyecto de saga (*No habrá final feliz*, 1981). Al día de hoy, el número de libros que conforman este ciclo suman diez.

Hemos querido recordar estas tres circunstancias similares justamente para ratificar cómo la rigidez de las expectativas del lector, algunas veces, logra subvertir el desarrollo «natural» del mundo ficcional, con frecuencia en detrimento de la lógica interna que se ha venido planteando en un ciclo narrativo, a lo cual podemos añadir que, como afirma George Dove, «si algunas convenciones parecen excesivamente inflexibles, debemos tener en mente que lo son porque a los lectores les gusta que así sean» (1997: 105)[37], y sobre todo, no está de más decirlo, cuando funcionan.

Queda claro que, dadas las guías de lectura proporcionadas por las marcas genéricas, el lector de un relato de detectives procede de una manera sistemática (la *hermenéutica lúdica* explicada por Duflo) y definitivamente equiparable a la lectura de indicios efectuada, en el plano ficcional, por el detective:

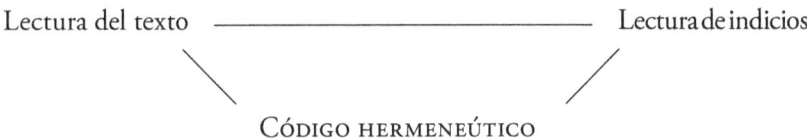

En *S/Z*, Roland Barthes adjudica al «código hermenéutico» de un relato la función estructuradora del enigma, según la expectativa creada y el deseo de su resolución. Conforme avanzamos en la lectura de una narración de detectives, y vamos recabando información en torno al misterio, habremos de percatarnos de las múltiples posibilidades de respuesta existentes, mismas que, tal como procede el protagonista de la ficción al conocer los indicios, desvían la atención y retrasan el desenlace. Ambas lecturas (de los indicios y del texto) se ven atravesadas por «obstáculos» que, acorde con las reglas lúdicas del relato policial, deberán ser sorteados uno a uno, alterando el flujo del discurso escrito y de la lectura. A estas «trampas», llamadas así por Colas Duflo, Barthes se refiere como «morfemas dilatorios»: el *engaño*, el *equívoco*, la *respuesta suspendida* y el *bloqueo*, dispositivos esparcidos en la acción narrada que sirven para retener momentáneamente la declaración de la respuesta conclusiva, de tal manera que «la espera se convierte en la condición fundadora de la verdad: la verdad, nos dicen estos relatos, es aquello que está *al final* de la espera» (Barthes 2001: 62):

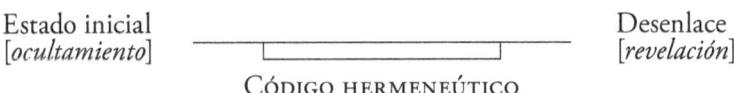

---

[37] «[i]f some conventions seem overly rigid, we must remind ourselves that they are so because the readers like them that way».

Partiendo de la aplicación del código hermenéutico y del concepto de *livre-jeu* de Duflo, Richard Saint-Gelais, en su artículo «Rudiments de lecture policière», elabora una propuesta, terminológica más que teórica, sobre la *lectura policial*, misma que ayudaría a definir la noción de *literaturas policiales*, tanto en lo que respecta al género como al registro; para ello, sugiere una aproximación de índole pragmática, esto es, comprender un modelo narrativo a partir de sus principios de regulación del acto de lectura. Lo interesante de la postura de Saint-Gelais es su afirmación de que los géneros literarios, contrario a las tipificaciones formalistas, son construcciones culturales producidas bajo consenso y, por ende, una ilusión cognitiva, útil para algunos aspectos de los estudios literarios, como la didáctica, pero poco redituables en términos teóricos, sobre todo considerando las problemáticas emanadas de la intertextualidad y la interdiscursividad presentes en cualquier narración. Así pues, la *lectura policial* (tan variable como cualquier lectura individual), «es una lectura para la que todo es susceptible de ser percibido como señal, aunque ignora lo que se urde detrás de esas señales» (Saint-Gelais 1997: 793)[38], una actividad atenta al código hermenéutico, incluso desde la interpretación de los paratextos, ya que, seguimos citando el mismo párrafo de Saint-Gelais, «el lector no se conforma con asignar uno (o varios) sentidos a lo que lee, pues, de manera constante, es incitado a concebir su actividad como un trabajo de reconstrucción semántica, trabajo realizado a partir de un texto con lagunas, ambivalente y enmarañado».

Como ya se ha reconocido, la idea de trasfondo de la lectura policial surge de los fundamentos de la estética de la recepción; se trata, en resumidas cuentas, de una adopción de los conceptos de *receptor, horizonte de expectativas* y *espacios de indeterminación* aplicados al terreno del relato de detección. El cuento «Los pasos en las huellas», de Julio Cortázar, manifiesta desde el título uno de los clichés más socorridos por la literatura detectivesca: la huella como indicio. Por otro lado, la pequeña frase introductoria que hace las veces de epígrafe alude al escritor Henry James –se sobreentiende que, en específico, a su novela *Los papeles de Aspern* (1888)–: «Crónica algo tediosa, estilo de ejercicio más que ejercicio de estilo de un, digamos, Henry James que hubiera tomado mate en cualquier patio porteño o platense de los años veinte» (Cortázar 1998: 50). En

---

[38] «[La lecture policière] est une lecture pour laquelle tout est susceptible de faire signe, mais qui ignore ce qui se trame derrière ces signes. Le lecteur policier est constamment amené à concevoir son activité comme un travail de reconstruction sémantique, opéré à partir d'un texte à la fois lacunaire, ambivalent et enchevêtré».

Los papeles…, un crítico literario, obsesionado con la obra y la vida privada del poeta Jeffrey Aspern, viaja de Estados Unidos a Venecia con el propósito de encontrar cartas personales de su biografiado; en el cuento de Cortázar, un crítico y ensayista publica *Vida de un poeta argentino*, biografía laudatoria de Claudio Romero, libro cuyo principal mérito radica en la revaloración de una figura esencial para las letras argentinas a partir de algunas fotos personales y cartas amorosas. Los dos textos están protagonizados por investigadores de dudosa ética profesional, dispuestos a tergiversar la información obtenida y a engañar a las personas que tuvieron contacto con el escritor que admiran; en ambos, el tema de la pesquisa de textos ausentes da pie a una lectura policial. No es que se trate de un par de obras de género policial, sino que, en su lectura, gracias a los «obstáculos» o morfemas dilatorios, se mantiene el régimen del código hermenéutico mediando el paso entre el *ocultamiento* y la *revelación*, el *caos* y el *orden*, la *ignorancia* y el *conocimiento*.

Otro ejemplo en que la lectura policial se activa desde el título es *La pesquisa* (1994), de Juan José Saer. En primera instancia, más allá del aspecto semántico, la novela es homónima del primer cuento policial latinoamericano, «La pesquisa» (1897) de Paul Groussac[39]; dado el complejo entramado de las imágenes reflexivas contenidas en el texto, me limito a comentar que el relato que enmarca la serie de historias (el hallazgo de un manuscrito anónimo e incompleto sobre el sitio de Troya, el reencuentro de los tres protagonistas, la historia sobre el brote esquizofrénico de un comisario de la policía parisina y un asesino serial en esa misma ciudad) trata sobre la visita de Pichón, un argentino radicado en París, a su ciudad natal, donde encuentra a los otros dos personajes principales, Tomatis y Soldi. Los tres amigos «detectives» se enfrentan, igualmente, a tres pesquisas: los asesinatos parisinos, la autoría de *En las tiendas griegas* y la desaparición del gemelo de Pichón y su novia Elisa. El cruzamiento de historias funge como el principal retardatario de las respectivas soluciones, en tanto que las hipótesis avanzan de forma simultánea. Aunque las tres resoluciones están destinadas al fracaso interpretativo (tanto para los tres investigadores como para el lector), el código hermenéutico logra generar el suspenso necesario y equitativo en el intento por revelar los enigmas. Si bien la novela no ofrece ninguna respuesta inapelable sobre los tres misterios, se puede llegar a la conclusión de que el sinsentido y la irracionalidad dominan la realidad práctica de los protagonistas: la omnipresencia del estado autorita-

---

[39] Originalmente publicado como «El candado de oro» en el periódico bonaerense *Sud-América*, en junio de 1884.

rio, el riesgo latente de la esquizofrenia y el absurdo de que una obra literaria excepcional no pueda darse a conocer.

Antes de emprender el análisis de las novelas del corpus seleccionado, he efectuado este recorrido para, en lo posible, aclarar los vínculos básicos de los elementos de nuestra propuesta de investigación: el *detective* (las literaturas policiales), la *lectura* (la práctica metaficcional) y el *enigma* (la significación de un texto perdido). Los conceptos teóricos y críticos aquí expuestos, tales como la epistemofilia, la lectura policial, la dicotomía *ocultamiento-revelación* y sus equivalentes, la hermenéutica lúdica y el prestigio del documento impreso, nos servirán para, a continuación, poner en diálogo tres novelas latinoamericanas contemporáneas de registro policial (*La novela de mi vida*, *Los detectives salvajes*, *Nombre falso*), mismas que comparten las estrategias metaficcionales presentadas en el primer capítulo.

Tres enigmas de texto ausente

A lo largo de este ensayo se ha propuesto una serie de acercamientos teóricos y críticos a la narrativa policial, intentando hacer distinciones oportunas para la comprensión global del tipo de ficción que nos ocupa. Dichas propuestas serán retomadas para efectuar el análisis de tres novelas latinoamericanas de los años comprendidos entre 1992 y 2002, además de la mención de algunos otros textos literarios, también contemporáneos y de la misma zona geográfica, que se consideren pertinentes en el orden de ideas presentado. Así, en tanto obras ficcionales básicas, por llamarlas de alguna manera, *Los detectives salvajes* de Roberto Bolaño, *La novela de mi vida* de Leonardo Padura y «Nombre falso» de Ricardo Piglia nos servirán de sustento para ejemplificar, profundizar e intentar establecer con la mayor claridad posible los vínculos entre la metaficción y la narrativa policial contemporánea.

Se dará por entendido que los textos narrativos a los cuales nos referiremos comparten las características del registro policial, mas no del género, toda vez que no se insertan por completo ni en la tradición de literatura policial clásica ni en la de la novela negra del tipo *hard-boiled*, sino a una de las múltiples variantes del relato de detección, al cual he venido llamando «enigmas de textos ausentes», en los cuales, además del registro policial, confluyen igualmente diversas estrategias metaficcionales.

A manera de síntesis, el libro del escritor cubano Leonardo Padura *La novela de mi vida* se vale del motivo literario del «texto ausente» para tejer su laberinto policial. La novela está construida a partir de una tríada de anécdotas que, intercaladas, conforman una visión panorámica del desarraigo y del exilio en la historia intelectual cubana. La primera línea narrativa relata los avatares de Fernando Terry (antiguo estudiante del doctorado en letras por la Universidad de La Habana y especialista en el poeta José María Heredia), quien, dieciocho años después de abandonar la isla en el exilio del puerto El Mariel, vuelve a Cuba con el propósito de seguir las pistas de un manuscrito hasta entonces desconocido, mismo que sería, presumiblemente, la autobiografía de Heredia, un texto donde, con mucha probabilidad, se esclarecerían gran parte de las controversias (sobre su vida y sobre su oficio como poeta) que han desconcertado a los estudiosos de su obra y de la historia de la literatura cubana. En segunda instancia, *La novela de mi vida* contiene la transcripción de dicho texto perdido, en el que el José María Heredia, en efecto, narra, a veces por sí mismo y otras veces dictando a su esposa, los pasajes de sus exilios, sus enredos políticos, sus aventuras amorosas y los desafíos encarados por los primeros movimientos independentistas, de los cuales fue partícipe, abarcando el lapso que va de sus catorce años de edad hasta pocos días antes de su fallecimiento. La tercera línea argumental versa sobre las peripecias de ese manuscrito en un periodo de aproximadamente cien años, sus múltiples cambios de dueño, desde la familia cercana del poeta, a quienes está destinado el manuscrito, pasando por los masones de mayor jerarquía adscritos a la logia de Matanzas, hasta que al fin son destruidos en 1939, evidenciando así su valor político e histórico, sobre todo en lo concerniente a las actividades preliminares para alcanzar la independencia cubana.

La construcción formal de la novela reproduce, como puede observarse, una estructura especular gracias a los tres planos argumentales y temporales mencionados; sin embargo, dicho modelo se extiende al ámbito del lector, quien debe emprender la resolución de los enigmas que la totalidad del texto le propone mediante la reconstrucción de los tres momentos en los que acontecen las historias: el largo proceso de la lucha independentista, el periodo libre de la corona española pero bajo la dictadura de Gerardo Machado (1925-1933) y la etapa socialista después de la Revolución de 1959; esta relación entre lector y obra reemplaza la función del suspenso convencional diegético, dado que, una vez involucrado en el misterio y en la detección, el lector (o intérprete) será «recompensado» con tres desenlaces convincentes, uno por cada argumento.

Tanto *La novela de mi vida* como «Nombre falso» y *Los detectives salvajes* basan su enigma, o al menos uno de los varios enigmas incluidos en su discurso, en la pérdida y búsqueda consiguiente de obras literarias. La estructura de la *nouvelle* de Ricardo Piglia, del mismo modo que la del libro de Padura, resulta compleja toda vez que «Nombre falso» está constituida por dos cuentos (o, para simplificar, dos partes): «Homenaje a Roberto Arlt» y «Apéndice: "Luba"». El primer segmento es, propiamente, el resumen de la investigación literaria emprendida por el narrador Emilio Renzi a propósito del encargo de una edición de homenaje a Arlt, a los treinta años de su muerte, que estaría constituida por escritos inéditos o nunca compilados en libro, es decir, que estuvieran dispersos en revistas o periódicos. Renzi es el elegido para preparar el volumen y pronto, durante sus pesquisas, descubre un cuento de Arlt, inédito y con páginas faltantes. No es necesario explicar por ahora cómo lo descubre; baste decir que se trata de un tesoro que hará lucir al máximo la publicación del libro, y por el cual Renzi está dispuesto a pagar una fuerte suma de dinero a su poseedor. ¿Qué hay detrás de esta ambición obsesiva por revelar zonas ocultas de la biografía o del trabajo literario de una persona? En efecto, se trata de la epistemofilia mostrada por el personaje del detective durante sus indagaciones, de ahí la ya reconocida correspondencia entre investigador privado y crítico literario[40]: la resolución ideal en esa pesquisa literaria, para Renzi, sería publicar los pedazos del cuento de Arlt y llevarse el crédito del hallazgo. En consecuencia, compra el cuento, mecanografiado, el único ejemplar, a decir del vendedor. Lo lee varias veces y lo juzga como uno de los mejores relatos del escritor. Horas después el hombre que le vendió los papeles, Saúl Kostia, le pide deshacer el trato, pues ya no le interesa el dinero y quiere de vuelta el cuento.

El narrador Renzi se niega a disolver la transacción; además él tiene ya lo que necesita y no hay manera, piensa, de que Kostia lo obligue a devolverle el texto. Días después Renzi se sorprende al abrir un sobre, enviado por Kostia, con casi todo el dinero de la venta del texto, y con un recorte de periódico con ese mismo cuento, «Nombre falso: Luba», publicado hacía pocos días, pero atribuido no a Roberto Arlt sino a su viejo amigo Saúl Kostia. En suma, Kostia realiza lo que Max Brod habría podido hacer con los papeles que Kafka le encargó destruir: hacerse pasar por el creador de obras cuyo verdadero autor no quiso ni publicar ni hacer desaparecer.

---

[40] En realidad no sólo la del crítico literario, sino toda labor que tenga como fin generar reflexiones y conocimientos (científicos, humanísticos o de cualquier orden) es susceptible de ser comparada con el proceso de investigación del detective, simplemente porque procede bajo los mismos esquemas racionales instalados desde la enseñanza básica y reproducido en el campo de las investigaciones académicas, gubernamentales o comerciales.

Lo único que le queda a Renzi es amenazarlo con interponer una denuncia en su contra por plagio, lo cual resulta en cierto grado ingenuo pues no tiene cómo probarlo. La suerte del detective ficcional aparece, como suele hacerlo, poco antes del desenlace y con un leve toque de serendipia, por no decir *deus ex machina*: cuando todo parece estar fuera de su control, Renzi descubre las páginas faltantes del cuento de Arlt y establece, como filólogo que es, una versión final con los pedazos de texto que ha conseguido reunir. Esta reconstrucción del cuento de Arlt, hecha a partir del manuscrito desperdigado y de la copia mecanografiada vendida por Kostia, constituye el segundo segmento de la *nouvelle*, la parte titulada «Apéndice: "Luba"».

Las tres obras en las que basaremos nuestras argumentaciones forman un corpus básico, de tal manera que el análisis no será expuesto de forma independiente entre un texto y otro, sino de forma integral y paralela. Ello debido a que la principal intención de este trabajo es resaltar y tratar de comprender el empleo de estrategias metaficcionales en la novela policial contemporánea, y, evidentemente, lo que dicha utilización implica. Así, la discusión entre el trío de narraciones se irá perfilando a partir de tres grandes ejes, mismos que se han venido detallando. Por un lado, lo relacionado con el personaje del detective literario puesto en escena no como un *private eye* sino como una derivación ficcional de éste, bajo la forma de un crítico, un investigador o un creador literario. En segundo término, se profundizará en las nociones teóricas de lectura policial en las tramas de enigma de texto ausente, esto es, cómo la estructura del discurso detectivesco, gracias a la tensión narrativa y el suspense, modifica y condiciona el acto de lectura e interpretación de las obras que nos atañen. Como tercer punto de análisis nos concentraremos en revisar el contenido de los textos ausentes: las historias alternas que contienen, el mensaje codificado que comunican y su resignificación, lo cual es el objetivo de la búsqueda para el detective. O, como en el caso de la novela de Roberto Bolaño, *los* detectives.

A mediados de la década de 1970 la pareja de «investigadores» protagonistas de *Los detectives salvajes*, Ulises Lima y Arturo Belano, se lanzan al encuentro de una poeta de nombre Cesárea Tinajero, una mujer prácticamente desconocida o borrada de los círculos de poesía mexicana. Ambos individuos son, igualmente, poetas fuera de todo marco institucional, mucho más cercanos a la bohemia que a los centros de cultura y a la academia, y, si bien la novela no proporciona nada explícito de los escritos de Belano y Lima, deja entrever que hay cierta mediocridad en sus textos (incluso de dudosa existencia) y, además, en sus lecturas de otros autores. En tanto personajes detectives, por otro lado, también están lejos de la perfección. Su pesquisa los lleva a recorrer gran parte del territorio mexicano, desde el Distrito Federal hasta el estado de Sonora, a fin de hallar a la gran madre de la poesía mexicana, como ellos mismos la nombran, aunque bastante influidos por lo que han escuchado en conversaciones con amigos de Cesárea y otros rumores en torno a ella. Si tuvieran que ser juzgados según los parámetros del detective literario convencional por su pericia, eficiencia y rapidez, ambos personajes quedarían fuera de toda posibilidad de congruencia en un discurso detectivesco: provocan la muerte de Tinajero y la de un policía, no encuentran más obra literaria de la poeta y, finalmente, culpables indirectos de los asesinatos, deben huir de México y desaparecer durante al menos veinte años. De esa manera, quienes en un inicio se proponían hallar a una persona, terminan por ser los personajes extraviados cuya pista seguirá el lector a través de testimonios de múltiples actores tangenciales.

Los detectives salvajes está dividida en tres secciones: «Mexicanos perdidos en México (1975)», «Los detectives salvajes (1976-1996)» y «Los desiertos de Sonora (1976)». Como los textos de Piglia y Padura referidos, la estructura de la novela de Bolaño es peculiar no sólo porque la temporalidad del discurso no es lineal, sino, sobre todo, por la pluralidad de voces que convergen en la segunda parte («la parte de las entrevistas», como se le suele denominar). Si el género policial clásico utiliza de forma repetida el mismo patrón que inicia con el descubrimiento del crimen, continúa con el proceso de detección y culmina con el descubrimiento del culpable, ¿a qué se debe entonces que las estructuras de estas tres novelas sean, por lo menos, intrincadas? ¿Tiene que ver ello con una señal manifiesta de parte del autor implícito para que no sean tratadas como obras de género policial? En los paratextos (el título *Los detectives salvajes*), en la insistente comparación del crítico literario con el detective (Emilio Renzi, reportero y narrador de buena parte de la ficciones de Piglia) y en otras novelas de un mismo autor (en Padura, el ciclo del teniente investigador Mario Conde, situado en La Habana), encontramos referencias directas a la literatura policial, a sus clichés, a sus métodos, a sus protagonistas; por lo tanto, no hay riesgo alguno de tropezar con una falacia intencional al afirmar que los tres autores asumen proyectos narrativos ligados, con plena conciencia, a la tradición paródica del relato de detectives, en ese rubro que no se circunscribe al núcleo duro del género policial, sino aquel donde encontramos, entre muchos otros, a Nabokov, a Borges, a Modiano, a Pavić, a Robbe-Grillet, a Tabucchi.

En buena parte de la narrativa de estos autores de la segunda mitad del siglo XX hallamos estructuras similares a las de nuestro corpus. Así, no es casual que el orden peculiar del discurso, perceptible incluso desde una primera impresión superficial, sea una de las convergencias de los tres textos. Difícilmente encontraremos una novela del género policial que haga depender su literaturidad en ese tipo de estrategias (focalización múltiple, temporalidad alternada, un cuento dentro de una *nouvelle*), abundantes en la literatura del siglo XX, mas no en la narrativa de alcance masivo, como lo es, por ejemplo, la novela negra contemporánea, la cual exige un ritmo mucho más veloz en el desarrollo y en la exposición de sus acciones. En realidad, dichas herramientas son las mismas que hemos denominado «procedimientos estructurales de la metaficción», revisadas en el primer capítulo, es decir, la desestabilización de las secuencias espacio-temporales, las imágenes reflexivas o puesta en abismo y la organización estructural arbitraria.

Piglia, Padura y Bolaño pertenecen, sin duda, al canon académico y editorial de nuestra época, algo que no siempre va de la mano, pues sobran los casos en que los textos y sus autores poseen una pésima reputación en el círculo de los estudios literarios o del periodismo cultural al tiempo que son líderes de ventas, y viceversa. Prejuicios aparte, la conjunción de éxitos (el comercial y el no comercial) se debe en gran medida, al menos en lo que respecta a las novelas que discutimos en este trabajo, a la mezcla de registro con temática: el registro policial proporciona una lectura rápida, activa, atrapante, y al mismo tiempo habla sobre los temas favoritos de la academia literaria y de los lectores en general, es decir, sobre los escritores, los textos, los procesos escriturales, el trabajo del crítico. Si a ello se le añade el componente histórico (las luchas por la independencia nacional, los golpes de Estado, la represión gubernamental) tenemos ya una suerte de fórmula novelesca compartida en América Latina por, cuando menos, Padura (todo el ciclo «Las cuatro estaciones», *Adiós Hemingway*), Bolaño (*Estrella distante*, *Amuleto*, «La parte de los críticos» de *2666*) y Piglia (*Respiración artificial*, «Mata Hari 55», «La loca y el relato del crimen»). Queda claro que este trabajo no pretende homogeneizar la narrativa de los tres autores, ni mucho menos efectuar una valoración de sus obras como si habláramos de un solo novelista, sino mostrar de qué forma, pese a todas sus diferencias, se trata de historias metaficcionales que se construyen apelando a un modo de narrar.

Texto, escritura, lectura, ficción, metaficción, todos estos elementos incorporados a un registro policial producen lo que denominamos «enigmas de textos ausentes»: un cuento inédito y desconocido escrito por Roberto Arlt; un largo texto de naturaleza incierta, aunque todo apunta a la autobiografía, de José María Heredia; un corpus poético de la vanguardia mexicana del que nadie sabe nada durante decenios, como tampoco de su autora, Cesárea Tinajero.

Investigadores y detectives literarios

> He thought his detective brain as good as the criminal's, which was true. But he fully realised the disadvantage: «The criminal is the creative artist; the detective only the critic», he said with a sour smile, and lifted his coffee cup to his lips slowly, and put it down very quickly. He had put salt in it.
>
> G. K. Chesterton, «The Blue Cross»

Para alcanzar un desenlace convincente, además de responder a la pregunta *quién*, reconstruir y dar cuenta de la historia de un crimen son las encomiendas del detective ficcional, labores que reproducen las actividades de un lector y, en un nivel más sistematizado o profesional, las de un crítico literario –académico o periodístico–, quien debe reconocer los rasgos del texto que le permitan recodificar un conjunto significativo y congruente. Según Cristina Parodi, en la mayoría de los relatos de detección escritos por Borges «el detective no es más que la reduplicación circunstancial del lector. La "inteligibilidad" de lo real se interpreta en términos de "legibilidad"» (Parodi 1999: 82). Pero no sólo la capacidad de dilucidar o de leer las pistas sembradas durante la actividad criminal asegura que el detective completará su cometido en la trama. En dichos personajes existe, ciertamente, una curiosidad que sobrepasa incluso el aspecto pecuniario de sus labores y, pese al triunfo previsible del uso de la razón, la paradoja del detective, una vez resuelta la incógnita, será repetir tantas ocasiones como sea necesario la misma faena, pues, según Stefano Tani, «al igual que Sísifo, están condenados a rodar indefinidamente la piedra de la detección hacia la cúspide. Tener que repetir la resolución significa, en última instancia, que ningún descubrimiento es concluyente [...] puesto que el pasado está lleno de misterios irresueltos en espera de su detective» (1984: 46)[1]. Dicho

---

[1] «Like Sisyphus, they are doomed to roll the stone of detection up to the top of the hill over and over. To have to repeat the discovery ultimately means that no discovery is final [...]

lo anterior y ya realizadas las sinopsis de las novelas en el apartado precedente, examinaremos la analogía, bastante conocida, entre el detective de ficción y el investigador literario ficcionalizado, en una conjunción del mise en abyme y del *roleplaying* metaficcionales.

La importancia de decirse especialista

Fernando Terry, Emilio Renzi, Arturo Belano y Ulises Lima, protagonistas de las novelas, son lectores en busca de textos que, al menos como conjetura, les revelarán verdades ocultas a propósito de un literato a quien profesan un sentimiento de admiración: o son especialistas en su obra, como es el caso de Terry, o están en busca de más material literario del autor, como lo hacen Lima y Belano, por un lado, y Renzi por otro. No son, en consecuencia, lectores «comunes», por llamarles de alguna manera, sino una especie de iniciados en el autor concreto (y en las claves de éste), un autor que, se supone, reclama una lectura novedosa o una relectura adecuada de pasajes conocidos. Es ahí donde entran «los expertos», como si se tratara de peritos o forenses, cuyo equivalente en el campo filológico sería el estudioso de la crítica genética; es decir, el detective de los orígenes y la evolución del proceso creativo de los textos.

Como en el concepto acuñado por Tani –*doomed detective*, ese investigador sentenciado a la búsqueda perpetua del culpable y de los motivos de sus acciones–, los especialistas literarios que protagonizan los enigmas de textos ausentes responden al llamado inaplazable de la ficción, pues el universo creado nos exige estar convencidos de que son sólo ellos quienes pueden resolver los embrollos que rodean el misterio. A Fernando Terry, en *La novela de mi vida*, se le solicita su vuelta a Cuba luego de dieciocho años de exilio, para lo cual debe pedir un permiso migratorio de treinta días. Álvaro, uno de sus excompañeros de la facultad, le escribe, en un tono próximo a la súplica: «Fernando, Fernando, Fernando: ahora sí hay una buena pista. Creo que podemos saber dónde están los papeles perdidos de Heredia» (Padura 2006: 16. Mayúsculas del original), requiriendo el auxilio inmediato de quien considera está legitimado para enfrentar la situación, alguien a quien la universidad le habría encargado preparar, si no se hubiera metido en problemas políticos, «una nueva edición crítica de las poesías de Heredia, comentadas y anotadas desde la novedosa perspectiva de su estudio de graduado» (2002: 24). En *Los*

---

since the past is full of unsolved mysteries waiting for their detective».

detectives salvajes Lima y Belano prometen a Amadeo Salvatierra, de forma solemne aunque al final de una borrachera, completar la búsqueda de la poeta extraviada: «vamos a encontrar a Cesárea Tinajero y vamos a encontrar también las Obras Completas de Cesárea Tinajero. [...] No lo hacemos por ti, Amadeo, lo hacemos por México, por Latinoamérica, por el Tercer Mundo» (Bolaño 2005: 553), adjudicándose, así, la responsabilidad de efectuar una búsqueda de gran relevancia para la vanguardia literaria mexicana; el sarcasmo es obvio, pero la afirmación se vuelve honesta dentro del contexto de la charla. Y Emilio Renzi, en «Nombre falso», se presenta a sí mismo como un profundo conocedor de la obra de Arlt al afirmar: «Yo soy quien descubrió el único relato de Arlt que ha permanecido inédito después de su muerte [...]. Luba es la pieza más importante en una colección de inéditos de Roberto Arlt que comencé a recopilar a principios de 1972. Se cumplían treinta años de su muerte y fui encargado de preparar una edición de homenaje» (Piglia 2002: 97), y a continuación el narrador ofrece una lista completa del material incluido en dicha edición conmemorativa. Es decir que, según su propio juicio, Renzi es, él mismo, el indicado para manejar el compendio y averiguar el paradero de los textos aún no publicados.

Si comparamos estas tres escenas de adjudicación de un caso particular con la aparición de un detective en cualquier relato de ficción, podremos notar que se trata de secuencias similares: tras el anuncio de un enredo, y de verificar e incluso exagerar la complejidad de la situación que ha trastocado el orden precedente, se acude a un personaje con autoridad. No es casual, pues, que los detectives de *bibliomystery* suelan pertenecer al circuito académico universitario o que sean, igualmente, literatos. Así, la legitimación precede incluso a la acción, como en el caso de Terry, quien, tras recibir el mensaje de Álvaro, «se dedicó a leer, por primera vez desde que saliera de Cuba, los viejos papeles de su malograda tesis doctoral sobre la poesía y la ética de José María Heredia» (Padura 2002: 16). La razón de tanta insistencia en justificar ante el lector las cualidades de los investigadores radica, primero, en dejar bien establecido que el protagonista es el idóneo o quizá el único capacitado para recorrer exitosamente la intriga, y segundo, para colocar de antemano al personaje que ocupa el sitio del detective en un nivel de discernimiento superior al del resto de los partícipes de la historia e inclusive del lector. La confianza en los protagonistas de las tres obras, no obstante, se verá traicionada cuando se revele que el proceso de detección no logra consumarse de manera completamente favorable, de suerte que los investigadores resultan detectives fallidos o burlados.

Acerca de los protagonistas, el lector no tarda en ir descubriendo datos adicionales que van minando la idealización de un héroe de ficción policial, convención heredada de la novela negra de origen estadounidense, cuyo protagonista, por más que su honestidad sea incorruptible, es también capaz de asesinar y de engañar. En sentido estricto, los investigadores literarios de la ficción no se están jugando la vida –a lo mucho la propia reputación–, como sí lo haría un detective privado que busca asesinos o delincuentes armados, y aunque el relato se circunscriba al campo de las letras, la construcción de los personajes suele aportar más en lo que respecta a su dimensión ética, puesto que no son, repetimos, detectives, sino transposiciones del detective creado por la literatura: en el *roleplaying* metaficcional, se asumen como investigadores privados que van tras las huellas de autores cuyo referente está en la realidad práctica (Arlt y J. M. Heredia) y en un doble paródico (Cesárea Tinajero *en el papel de* Concha Urquiza).

Juan García Madero, el último real visceralista reclutado en *Los detectives salvajes* y narrador de la primera y tercera partes de la novela, no está completamente convencido de la actividad de sus nuevos compañeros: «Cuando les pregunté qué era lo que hacían me dijeron que llevaban a cabo una investigación. Pero a mí me parece que reparten mariguana a domicilio» (Bolaño 2005: 32); «usted, bien visto, viene a ser una especie de boy-scout de la literatura» (Piglia 2002: 148), dice Saúl Kostia a Renzi para burlarse de su codicia, entre ingenua y precipitada, por conseguir textos de Arlt a como dé lugar; «una lectura de sus poesías demuestra que usted no es precisamente un hombre politizado», se le hace saber a Fernando Terry durante su primera entrevista con la policía, aquel juicio miniatura que provocará su separación de la universidad por tiempo indefinido. La cuestión relevante de las líneas seleccionadas es observar cómo se efectúa el replanteamiento de los roles protagónicos planos o unidimensionales del detective clásico para dotarlos de una complejidad dramática mucho más variada. Así como pueden ser investigadores literarios con buenas credenciales, también pueden ser narcomenudistas de poca monta, delatores circunstanciales al servicio de la policía o mercenarios del mundo editorial: su erudición, si hemos de creer en lo que nos cuenta la historia relatada, no los exime de esos defectos que objetarían la confianza que, por convenciones genéricas, hemos puesto en los detectives ficcionales. De ahí que una de las características más evidentes de estos textos sea la falibilidad latente de los investigadores, quienes, como podemos notar en las tres narraciones, trasladan la pesquisa de uno o varios textos ajenos a una búsqueda interna que los pone en el centro de la trama, aspirando a encontrarse a sí mismos, como el lector de novelas policiales que se convierte en detective durante el proceso de lectura y llega a sospechar del protagonista e incluso de la voz narrativa. En eso, pues, consiste el efecto metaficcional discursivo de las novelas policiales elegidas, ya que son susceptibles de ser aprehendidas como la narrativización de un largo metacomentario detectivesco sobre la autobiografía de J. M. Heredia, sobre la poesía de Cesárea Tinajero y sobre el cuento «Luba» de Roberto Arlt.

Pese a que los protagonistas de las tres historias, como resulta obvio, tienen un papel fundamental en el hallazgo de los escritos perdidos, notamos que, paradójicamente, su presencia en el desenvolvimiento de la trama es por momentos volátil e inestable, como si, en efecto, también tendieran a la ausencia. ¿En qué situaciones aparecen? ¿En qué otras, y, sobre todo, por qué desaparecen?

A pesar de que la focalización tiende a coincidir con el punto de vista de los investigadores (quienes irán descubriendo, para ellos, en el nivel de la ficción, y para nosotros, en el proceso de lectura, la historia oculta de los papeles perdidos), es importante resaltar que en ninguno de los protagonistas se concentra el poder racional necesario para destrabar las incógnitas, como sí sucede con los personajes claramente sujetos a las estructuras y clichés del policial clásico. En los enigmas de textos ausentes, por el contrario, los encargados de guiar la investigación atraviesan por periodos de desinformación y confusión que, finalmente, mancharán o desvirtuarán los resultados. Durante la etapa de documentación bibliográfica el personaje oscila entre la lucidez y la ignorancia; a veces entiende los indicios, a veces su capacidad se queda corta, a veces sobreinterpreta las señales o las ve donde no existen, justo como puede suceder en el acto de lectura de un texto cualquiera.

Inestabilidad del detective

En el segundo segmento del capítulo primero revisé la idea de William Spanos a propósito de la disolución del mito del detective, sobre todo luego de la segunda mitad del siglo xx. Recapitulando, el ensayo argumenta que en la posmodernidad literaria el personaje del detective deja de ser un producto del positivismo occidental, un personaje encargado de ofrecer calma y certezas a la sociedad –algo así como *domesticar* su angustia–, para convertirse en un individuo que representa la crisis de los discursos modernos al revelar que «le bon bout de la raison», *leitmotif* del reportero-detective Joseph Rouletabille (de Gaston Leroux), o que el desempeño de las «little grey cells», según Hercule

Poirot (de Agatha Christie), no siempre desembocan en los términos esperados. Así pues, se derrumba el mito de la máquina de pensar y de observar más perfecta que el mundo ha conocido, es decir, Holmes definido por Watson.

Localizados por William Spanos en textos de Robbe-Grillet, Beckett o Greene, este tipo de detectives es el mismo que protagoniza los enigmas de textos ausentes. Por ello no pueden ser figuras cuya presencia sea ubicua en el discurso de las novelas, sobre todo una vez que se plantea la posibilidad de que su investigación, pese a todos sus esfuerzos, concluya con un fracaso. El momento y el lugar exactos para el detective de estas ficciones resulta, de igual manera, un mito propio de la literatura policial clásica: ni Fernando Terry, ni Emilio Renzi, ni los detectives salvajes llegan al sitio preciso a la hora correcta, como si estuvieran fuera del *tempo* de los escritos por hallar, algo que se confirma al enterarnos de la cantidad de proyectos literarios que han dejado inacabados (tesis, ediciones críticas, revistas de poesía). Las idas y venidas de los detectives, en primer lugar, son producto de circunstancias ajenas a su labor y sus pesquisas literarias, razones políticas, económicas o judiciales. Las ausencias, también, sirven para dar a conocer hechos que el investigador desconoce y que serán reveladas *sólo* al lector. Pero más importante aún es reconocer los motivos de dichas ausencias que, además, ensanchan la duda sobre el éxito eventual previo al desenlace.

Sobre Lima y Belano siempre ha caído la sospecha de que «un día de éstos desaparecerán», comenta una de las entrevistadas en la segunda parte de la novela, Bárbara Patterson, «por puta vergüenza, por pena, por embarazo, por apocamiento, por indecisión, por cortedad, por verecundia y no sigo porque mi español es pobre» (Bolaño 2005: 179) –el personaje es una doctoranda estadounidense que hace una tesis sobre Rulfo–. En efecto, los dos vicerrealistas desaparecen, uno en Managua y luego en el D.F., y otro en Liberia, durante una guerra civil. En «Nombre falso», cuando Kostia se atribuye el texto de Arlt publicándolo bajo su nombre, de forma increíble, Emilio Renzi se encuentra de vacaciones pese a la amenaza que el antiguo camarada del escritor le había hecho, pidiéndole el cuento de vuelta: «Ese tipo [Kostia] estaba loco. Lo mejor que podía hacer era irme por unos días de Buenos Aires, a esperar que se calmara […]. Yo estaba sentado en el hall del hotel, trabajaba en una mesa cerca de los ventanales que daban al mar, cuando me alcanzaron la correspondencia […]. Adentro estaba el dinero que yo le había pagado a Kostia» (Piglia 2002: 150-151); esto es, como si el crimen (o delito de plagio) se efectuara justo en el momento en que el investigador se descuida, aun estando prevenido. En *La novela de mi vida*, finalmente, la ausencia del detective es forzada por el ambiente específico de los años que sucedieron al quinquenio gris (1971-1975). Si se ve obligado a salir de Cuba en los momentos en que su futuro académico era más prometedor es sólo por su relación con sujetos que, como él, reconocen y expresan tímidamente sus desacuerdos con las políticas internas del régimen castrista. Terry llega a España, suspende su investigación doctoral sobre José María Heredia, perdiendo la oportunidad de llegar a ser la mayor autoridad en el poeta decimonónico y, de paso, se marcha con la certeza de haber sido traicionado por alguno de sus amigos, uno de esos que lo reciben dieciocho años más tarde, en 1998, «en aquella azotea ruinosa y con olor a mar, [donde] sabía que uno de los presentes, o alguno de los dos ausentes justificados, como nombró Álvaro a los difuntos Enrique y Víctor, había sido quien lo acusara de saber que Enrique planeaba una salida clandestina del país» (Padura 2002: 23).

Así, mientras los detectives desaparecen de las líneas del discurso, se va dando una reconstrucción de ellos; de manera paradójica, en esa ausencia se dice más sobre el o los investigadores que sobre los textos perdidos.

En *Los detectives salvajes* esa desaparición es extrema (y en última instancia, como hemos visto, literal), pues las múltiples voces que comparecen en las entrevistas e inclusive la de Juan García Madero no suelen coincidir; al definir los rasgos de los dos personajes principales de manera subjetiva y contradictoria, esos mismos rasgos se difuminan: «Les pregunté quién les había dado mi dirección», se lee en el diario de García Madero, «Ulises y Arturo, dijeron. O sea, que ya han aparecido, dije. Han aparecido y han vuelto a desaparecer, dijo Xóchitl. Están terminando una antología de poetas jóvenes mexicanos, dijo Barrios. Requena se rió. No era verdad, según él» (Bolaño 2005: 115). O en palabras de Alfonso Pérez Camarga, pintor mexicano, «Belano y Lima no eran revolucionarios. No eran escritores. A veces escribían poesía, pero tampoco creo que fueran poetas. Eran vendedores de droga» (2005: 328). No hay, pues, una sola descripción determinante y confiable de ambos, no podrían catalogarse como personajes planos ni redondos, sino en todo caso amorfos, principalmente cuando, durante el transcurrir de las entrevistas, adquieren una reputación de leyenda (negativa y positiva) entre quienes los conocieron, dando lugar a la especulación sobre sus verdaderas actividades.

La ausencia de Fernando Terry en *La novela de mi vida*, por otra parte, tiene raíces políticas, como se ha referido. Mientras está exiliado en España el antiguo estudiante tiene el tiempo suficiente, casi dos decenios, para sospechar de todos sus amigos, conservando esa duda hasta imaginar las incontables posibilidades sobre la traición de la cual, desde su perspectiva, fue objeto, ya sea por envidia, ya sea por temor o por odio de parte del delator. En ese periodo de ausencia,

Terry se convence de que uno de esos amigos es el culpable de sus infortunios, y el viaje de regreso, cuyo primer propósito es hallar el manuscrito herediano, toma una segunda finalidad, de índole enteramente personal y ya no literaria: descubrir al soplón que lo entregó a la policía cubana. Al final de la búsqueda –de las dos búsquedas, texto perdido y pasado incógnito– reconoce al oficial de policía que lo interrogó por primera vez. Ramón, el policía, le cuenta que, en realidad, sus compañeros no tuvieron nada que ver en su marginación de la facultad de letras: «Te tiré el anzuelo, a ver si querías colaborar, pero tú no quisiste y te enredaste en las patas de los caballos [...]. Nadie dijo nada de ti. Ni el mariconcito que estaba preso ni ninguno de tus amigos. Te embarraste tú solo y los de la universidad te aplicaron la máxima, porque también se apendejaron» (Padura 2002: 322).

¿Cómo puede ausentarse de la acción un detective que es, al mismo tiempo, el narrador directo de la pesquisa? En «Nombre falso» no es durante la investigación en que el investigador desaparece, sino en la segunda parte de la *nouvelle*, la llamada «Apéndice: "Luba"», es decir, el cuento reconstruido «a partir del manuscrito y del texto mecanografiado que me había entregado Kostia» (Piglia 2002: 157), afirma Renzi. En ese segundo fragmento, que sería el hallazgo estelar para la edición de homenaje antes mencionada, Emilio Renzi, como es obvio, desaparece en la anécdota del texto pero, como negándose a perder la autoridad sobre Arlt de la que ha estado intentando convencernos, continúa haciéndose presente, en una voz paralela, bajo la forma de notas al pie de página (se trata, en rigor, de una edición de crítica genética, la exégesis sobre la evolución del texto definitivo). La razón de esa falsa ausencia es, supuestamente, permitir una lectura más o menos libre del cuento inédito de Arlt; sin embargo, el «organizador» del texto Renzi (ya no el narrador Renzi) evita declarar de forma abierta la trampa que esconde el segundo fragmento de la *nouvelle*, y sólo da una pista que permite inferir el secreto contenido en «Apéndice: "Luba"», puesto que el tan aludido cuento no es de Kostia, ni de Arlt, ni de Renzi, y en última instancia, ni siquiera del autor empírico Ricardo Piglia: se trata de un completo plagio (o apropiación paródica literal, si queremos resguardarnos en la terminología posmoderna) del cuento «Las tinieblas», de Leonid Andreyev, más específicamente del *copy-paste* de una traducción al español de dicho cuento, palabra por palabra, salvo que los párrafos finales de «Luba», y su desenlace, han sido alterados[2]. En el texto de Piglia, pues, la

---

[2] Más adelante –véase «El código de los textos ausentes»– profundizaremos en la problemática del plagio y los juegos paradoxales en torno a la autoría de «Luba».

ausencia del detective, aparentemente forzada, convierte al lector de forma automática en otro detective.

Aunque provocadas por circunstancias distintas, las ausencias de los investigadores en las novelas que nos ocupan tienen un mismo trasfondo, una raíz común; dentro del espíritu de su época, en que el detective ficcional ha dejado de ser un personaje reorganizador e invencible, estos personajes pueden llegar a ser sobrepasados por el enigma. No son Holmes, ni L'Archiduc, ni Dupin, son imitadores de éstos, y por más que intentaran desembrollar el misterio, hallar los manuscritos y darles un sentido (tal como es la exigencia del racionalismo), saben, junto con los lectores, que las verdades no son unívocas ni aceptan interpretaciones definitivas, pues muy probablemente se enfrentarán a plagios, pastiches, bromas literarias y falsas pistas entre los textos que buscan y que, si el azar y la pericia les alcanzan, encuentran, desautomatizando una de las convenciones del género policial clásico gracias a un aparente descuido en la construcción del personaje, lo cual advierte al lector que la historia contada, aunque sujeta a un régimen detectivesco, está más próxima de la inexactitud de las hipótesis elaboradas en el mundo práctico que a la precisión artificial de las averiguaciones en películas o novelas.

Epistemofilia

Mas no por ser inconsistentes en la pesquisa dejan a un lado la avidez por encontrar el escrito perdido. Es posible que la habilidad y la sagacidad del investigador sean modestas, que carezcan de precisión en cuanto al tiempo y al lugar en que se ubican los textos buscados, o que cualquier imprevisto altere la secuencia ideal de los relatos de solución garantizada, pero no por ello los personajes que fungen como detectives abandonan su cometido. Eso obedece, en efecto, a que continúan formando parte de la tradición de la literatura policial de cimientos modernos, o, más concretamente, a la figura del héroe moderno, quien puede ser derrotado, pero no darse por vencido. Al igual que un investigador de cualquier disciplina del conocimiento, el individuo en cuestión posee un afán de conocimiento más que un deseo por hacer una labor benefactora para la sociedad. Como Emilio Renzi, puede estar movido por la ambición de concretar el rescate de inéditos de Arlt, aunque en el fondo existan razones personales (tanto que nunca expresa abiertamente que se trata de un cuento de Andreyev, si bien deja una pista mínima; aun así, lo publica sugiriendo que es de Arlt, y que *él* lo encontró). En términos generales, como en todo detective ficcional, el investigador literario se ciñe al ideal del placer del conocimiento, de la adquisición y acumulación del conocimiento. Como afirma Andrea Goulet en un ensayo sobre la falsa violencia de la novela policial,

> [d]esde los primeros ejemplos del género, al detective ficcional se le ha identificado con una curiosidad de carácter noble. A diferencia de los policías comunes o de los familiares de la víctima, cuyos esfuerzos por resolver el crimen son inducidos por el deber, el temor, la avaricia o la sed de venganza, el detective generalmente está motivado por un deseo de saber (una *epistemofilia*) que excede los límites del caso en turno y, al mismo tiempo, hace posible encontrar la solución. (2005: 51)[3]

Esa voluntad de descubrir se manifiesta, en principio, en la obsesiva atención a los detalles. Si en la descripción arquetípica del detective ficcional se encuentra la lupa como un instrumento fundamental que incluso se vuelve una metonimia icónica de su oficio, en el caso de los investigadores protagonistas de *bibliomysteries* la minuciosa aplicación en su encomienda se revela en la lectura que hacen del material literario. La ficción nos hace creer que se trata de lectores fuera de lo común; la metaficción los muestra en el acto de leer y de interpretar (una acción que, al mismo tiempo, realiza el espectador), mientras que, en un tercer nivel, el efecto metaficcional proyecta el símil de esa actividad (la lectura recelosa) al nivel del lector empírico. Así, cuando Lima y Belano le preguntan a Amadeo Salvatierra, único personaje de la novela que conoció a Cesárea Tinajero, en qué parte de la revista *Caborca* están los poemas de la autora, el testigo dice «en la última página, muchachos, y miré sus rostros fresquitos y atentos y observé sus manos que recorrían esas viejas hojas y luego volví a observar sus rostros y ellos entonces también me miraron [...] y dijeron caray, Amadeo, ¿esto es lo único que tienes de ella? ¿éste es su único poema publicado?» (Bolaño 2005: 374-375). Los dos personajes que ven el poema, al parecer, no comprenden todavía su sentido; Salvatierra, obviamente, conoce el «texto», mientras que el lector, hasta ese momento, lo ignora. De tal suerte que la curiosidad descrita en la cita seleccionada, curiosidad originalmente atribuida a los muchachos Belano y Lima, es la misma que se transfiere al lector, logrando así una *mise*

---

[3] «A noble curiosity has defined the fictional detective from the genre's earliest examples on. Unlike common police agents or family members, whose crime-solving efforts are spurred by duty, fear, avarice, or avenging passion, the hero-detective is typically motivated by a desire to know (an *epistemophilia*) that both exceeds the limits of his immediate case and renders its solution possible».

en abyme del detective tratando de interpretar los gestos de los personajes, es decir, de ese párrafo específico de *Los detectives salvajes*.

Esa obsesión hacia los pormenores del texto, bastante bien conocida por todo lector que se deja atrapar por la trama y por todo crítico literario que emprende un análisis, produce una saturación de datos acerca del manuscrito y de sus paratextos, abundancia que puede ser considerada un análogo del afán denominativo del detective al exponer, al *relatar*, cada una de las pruebas recogidas; de ahí que Renzi, al presentar su hallazgo, considere necesario referir que el cuento de Arlt fue escrito «entre el 25 de marzo y el 6 de abril de 1942 [...]. El texto fue redactado a mano, en un cuaderno escolar, con letra apretada que cubría los márgenes» (Piglia 2002: 97). Sin duda dicha información es de gran interés para el estudioso de la obra de Arlt, y, más evidente aún, se trata de señas cuyo propósito es hacer verosímil la ficción contada por Renzi; no obstante, cabe preguntarse si esas indicaciones son realmente necesarias, sobre todo después de saber que se trata de un relato apócrifo, y que eso, el plagio, no se acepta abiertamente, dejando su descubrimiento a la perspicacia del lector. Así, nos encontramos frente a una selección de información a conveniencia de Emilio Renzi, narrador que, como el personaje culpable de un relato policial, oculta pistas a los ojos del intérprete de indicios. A final de cuentas, tanto en el ejemplo de *Los detectives* como en el de «Nombre falso», se repite la secuencia *ocultamiento-revelación* o *ceguera-observación* del relato policial: el detective que descubre y que, acto seguido, encubre.

He insistido en el término *epistemofilia* para intentar definir el placer derivado de la acumulación del conocimiento, de su interpretación y de la reflexión[4] que precede al desenlace de la intriga detectivesca. Esa es una de las características indispensables de un investigador de cualquier ámbito, y que igualmente podría llamársele tenacidad, empeño, ambición, codicia. O, como para Fernando Terry, venganza, pues «el hallazgo de aquel documento al parecer maldito sería su victoria mayor sobre todos los demonios que cambiaron su existencia, y ese triunfo, que exhibiría como una copa dorada, quizás hasta podría compensar la esterilidad de su vida de poeta sin poesía» (Padura 2002: 187), de ahí que luego de un largo exilio decida recuperar, de forma tan vehemente, su investigación sobre Heredia; le importa, claro, la producción y difusión del conocimiento, pero sobre todo le interesa el poder que ese conocimiento posee y ofrece a quien lo maneja. Además, luego de considerarlo en su nueva ciudad,

---

[4] Que también puede ser relacionada con el periodo de profunda meditación lúdica que Charles S. Pierce denomina *musement*. Veáse Sebeok Umiker-Sebeok 1994.

Madrid, decide que es el pretexto ideal para regresar a Cuba, tras lo cual «se encaminó hacia el consulado para pedir su permiso de visita y volver a la isla a desenterrar su pasado» (Padura 2002: 207).

Ese pasado desenterrado en fragmentos habrá de recopilarse no en una escena del crimen sino en los espacios básicos de la investigación literaria, y requiere de una disciplina obsesiva y de un entrenamiento en el análisis del detalle, como hacen Belano y Lima, ocultos en bibliotecas y librerías de viejo del DF, mientras todavía no marchan al norte del país, donde, según García Madero, pasan «toda la mañana en el Registro Municipal, en la oficina del censo, en algunas iglesias, en la Biblioteca de Santa Teresa, en los archivos de la universidad y del único periódico, *El Centinela de Santa Teresa*» (Bolaño 2005: 569). Los lugares convencionales de la novela policial de género, como son el cuarto cerrado, la casa abandonada, las bodegas solitarias en los suburbios o las mansiones en la campiña británica, se transforman en sitios que sirven como resguardo de documentos, desde recintos masones hasta bibliotecas públicas, espacios donde el investigador literario (y el detective literario) se desenvuelve con la soltura de quien domina el procedimiento gracias a la práctica, el equivalente, de hecho, a «la ciencia de la deducción y del análisis» que describe el método de Holmes[5].

El hallazgo de «Luba», cuento atribuido a Roberto Arlt, es resultado del escrutinio exhaustivo de distintos lugares; afirma Renzi: «pasé largas tardes en la Biblioteca Nacional revisando colecciones de periódicos y revistas de la época, mantuve correspondencia y entrevisté a amigos y conocidos de Arlt. Por fin coloqué varios avisos en diarios de Buenos Aires y del interior anunciando mi intención de comprar cualquier material inédito» (Piglia 2002: 99-100). La primera respuesta, en efecto, proviene de la estrategia del anuncio en el periódico. De manos de un antiguo casero de Arlt, Renzi obtiene el cuaderno con un prototipo de «Luba». Una maniobra, queda claro, utilizada desde el primer relato policial: Auguste Dupin publicando en *Le Monde* un aviso que sirve de

---

[5] Se lee en la entrada Holmes, Sherlock, de *The Encyclopedia of Murder and Mystery*: «Especialmente en las primeras historias, empezando con el capítulo "La ciencia de la deducción" de *Estudio en escarlata*, Holmes subraya de forma insistente la naturaleza científica y objetiva de sus métodos, los cuales, contra lo que cabría esperar, tienen más que ver con encontrar "indicios" casi imperceptibles que con entrevistar individuos, como en un verdadero trabajo de la policía» (Murphy 2001: 249) [«Particularly in the early stories, beginning with the "Science of Deduction" chapter of *A Study in Scarlet*, Holmes lays great stress on the scientific and objective nature of his methods, which, improbably, have more to do with finding faint "indications" than interviewing subjects as in real police work»].

anzuelo para atraer, directamente a su domicilio, al dueño del orangután asesino. En el caso de «Nombre falso» se trata de una relación causa-consecuencia similar, sólo que en la *nouvelle* de Piglia el texto, en lugar de atraer al culpable del asesinato, atrae otro texto.

El paralelo entre las dos actividades es evidente. Investigadores que trabajan sobre la producción literaria y detectives creados por la ficción detectivesca confluyen en la mencionada epistemofilia. Una de las frases más reveladoras sobre este vínculo la encontramos en «Nombre falso», una obra de ficción narrada por un crítico ficticio incluida en un volumen escrito por Ricardo Piglia, uno de los críticos y narradores de mayor influencia en la literatura latinoamericana contemporánea: «Un crítico literario es siempre, de algún modo, un detective: persigue sobre la superficie de los textos, las huellas, los rastros que permiten descifrar su enigma [...]. El crítico aparece como el policía que puede descubrir la verdad» (Piglia 2002: 145, nota al pie). De acuerdo con esta afirmación, y como sucede en la totalidad de la metaficción policial cuyo tema es el texto ausente, la relación del crítico con el detective es imposible de disolver; incluso, podemos conjeturar que en esa estrategia metaficcional de *mise en abyme* radican no sólo la apuesta artística, la complejidad y el conflicto entre realidad y ficción de las novelas, sino también, y más importante, que en las imágenes reflexivas propuestas por dichas obras se encuentre la principal razón del interés que pueden llegar a despertar en el lector.

Por otro lado, en ocasiones el rol del detective ficcional acaba por absorber al investigador, a tal grado que éste se toma por uno de aquellos, de manera que se adjudica no el status ficticio sino el status dramático del *private eye*: juega a ser uno de ellos. El espejo, entonces, multiplica las imágenes del detective al grado en que existen investigadores que se dedican a buscar detectives, como el personaje Ernesto García Grajales, especialista en el grupo poético de Belano y Lima, quien afirma en la última parte de las entrevistas: «soy el único estudioso de los real visceralistas que existe en México y, si me apura, en el mundo [...]. Probablemente soy el *único* que se interesa por ese tema. Ya casi nadie los recuerda. Muchos de ellos han muerto. De otros no se sabe nada, desaparecieron» (Bolaño 2005: 550). Los investigadores literarios, así, entran en la dinámica del detective ficcional y se desenvuelven conscientemente como tales; consecuente con ello, Renzi sostiene: «Me sentía como el detective de una novela policial que llega al final de su investigación; siguiendo rastros, pistas, yo había terminado por descubrirlo [el cuento de Arlt]» (Piglia 2002: 145). Renzi, como Terry, Belano y Lima, está bien metido en su papel de detective de manuscritos raros, pero no sólo él se considera ya protagonista de una intriga policial, sino atribuye a los otros personajes conductas de personajes típicos del género, esto es, la ficción imitando a la ficción, la ficción *de Piglia* imitando a la ficción *policial*: «Lo visité en la pieza donde vivía y durante toda la conversación se portó como si realmente fuera el personaje de una novela policial: uno de esos informantes turbios y acorralados que buscan siempre el mejor modo de sacar ventaja» (2002: 145), dice Renzi sobre Kostia.

La clave de la frase, y del efecto metaficcional de la ficción imitando a la ficción, está en ese *como si* revelador, «*como si* fuera el personaje de una novela policial»… ¿Acaso no lo es? La respuesta, una vez más, no puede ser dada sin que exista una contradicción metaficcional. Kostia, sin duda, es un personaje de «Nombre falso» para nosotros, pero no lo es para Renzi, quien se está entrevistando con él y pronto obtendrá un escrito importante como resultado de esa reunión. Evidentemente para el personaje *su* universo no es ficticio y, gracias al principio de verosimilitud, el lector habrá de aceptarlo como cierto durante la lectura, pero sucede que Renzi, al evocar una de las convenciones del género policial (el delator intercambiando información), está marcando una distancia entre el universo ficcional de las novelas policiales y su universo real, de la misma manera en que nosotros, lectores empíricos, tomamos distancia del universo ficcional (para nosotros) creado en «Nombre falso» al analizarlo. La aporía del investigador literario/detective ficcional, como ha podido verse en la frase transcrita, se torna mucho más compleja cuando los propios personajes se atribuyen status dramáticos salidos de la ficción.

Régimen de la sospecha

Ahora bien, dicha complicación paradojal que hemos intentado describir en el párrafo anterior surge, sencillamente, de una actitud recelosa de Emilio Renzi frente a Saúl Kostia. Eso nos permitirá, ahora, abordar al detective desde la panorámica de su método, no si se trata de un proceder deductivo, inductivo o abductivo, como se efectuaría desde la óptica filosófica de la lógica, sino del método que denominamos *régimen de la sospecha*.

«La masa aparece como el asilo que protege al asocial de sus perseguidores. Entre sus lados más amenazadores se anunció éste con antelación a todos los demás. Está en el origen de la historia detectivesca», dice Walter Benjamin (1980: 55) en su ensayo «El flâneur» para recordar el carácter urbano del relato policial. La ciudad es el lugar idóneo para difuminar la identidad y donde se adquiere el anonimato que el culpable necesita antes, durante y después de llevar a cabo un delito. En la muchedumbre se halla el delincuente potencial, el elemento amenazador, pero también la víctima. Tanto uno como otro se mezclan entre los rostros de desconocidos, gente que aparece una sola vez y luego desaparece. Cualquier persona, pues, está en condiciones de ser atacada o de ser el atacante. Lo más sensato sería, de acuerdo con esta premisa, no confiar demasiado en nadie, y eso es lo que el detective asume como regla básica, antes de la deducción, de la inducción o de la abducción: todos son sospechosos, todos tienen algo que esconder. Es decir, la duda como fundamento metodológico para alcanzar la verdad, de notorias resonancias cartesianas.

De manera que tenemos a Emilio Renzi llegando al cuarto donde vive Kostia para interrogarlo acerca del escrito prometido; hay una especie de forcejeo en ese diálogo en que ninguno de los dos está dispuesto a ceder y finalmente ambos llegan a un acuerdo equitativo y realizan la transacción. Se conocen de apenas pocos días atrás. En ese primer encuentro en una cantina, el investigador lleno de sospechas localiza al antiguo amigo de Arlt acompañado de otras dos personas, hablando de literatura y de dinero. «Le dije que [...] estaba trabajando sobre Roberto Arlt, que buscaba unos datos y él me podía ayudar, etc. De entrada preferí no hablar de Luba» (Piglia 2002: 138), relata Renzi, tanteando el terreno sobre el que se mueve. Sospecha que Kostia se niegue a compartir información si, precipitadamente, menciona el título del manuscrito. De ese encuentro no obtiene nada en claro, salvo que «también Kostia, como todos en este país, tenía una teoría sobre Roberto Arlt» (Piglia 2002: 141), actitud chocante para alguien que se considera a sí mismo un especialista en la obra del escritor.

La suspicacia sistemática en el detective equivale, también, a culpar de forma desmedida a cualquier otro personaje a riesgo de sobreinterpretar acciones y transformar en indicio cualquier gesto, adoptando características similares a las de un comportamiento de delirio interpretativo. Fernando Terry, en *La novela de mi vida*, se encuentra inmerso en un régimen de sospechas hacia su entorno; por ello cuando uno de sus amigos le pregunta «¿por qué te pasas la vida creyendo que el mundo está contra ti?», él responde: «No es eso, Arcadio. Es que alguien sabe más de lo que dice. Estoy seguro» (Padura 2002: 247). La pregunta y la respuesta funcionan tanto para su búsqueda del manuscrito de Heredia como para su situación personal y su creencia de haber sido traicionado; de ahí que «su autocompasión se había convertido en una especie de coraza y culpar a alguien de sus desgracias en un alivio para sus frustraciones» (Padura 2002: 267). La paranoia, entonces, recorre de principio a fin su retorno a La

Habana, de la misma manera en que el régimen de la sospecha orienta los actos del detective durante el proceso de detección.

En el domicilio de Amadeo Salvatierra, Lima y Belano observan con atención el único poema de Cesárea Tinajero. Antes de que el texto nos descubra lo que ellos están mirando, los investigadores insisten en saber si eso es todo lo que existe disponible de la obra de Tinajero. Salvatierra dice que, en efecto, ese es todo el material. Los dos miembros del realismo visceral le piden unos minutos para reflexionar acerca del poema «Sión» publicado en *Caborca*, que en realidad no es un texto, sino tres líneas horizontales, la primera recta, la segunda ondulada y la tercera en zigzag, todas con un pequeño rectángulo sobre su parte superior. Tras examinarlo minuciosamente, como corresponde a un detective interpretando los indicios, dan una respuesta inesperada, sorpresiva, tal como lo amerita la convención del relato policial: «es una broma, Amadeo, el poema es una broma que encubre algo muy serio» (Bolaño 2005: 376).

Resulta que Salvatierra, que ha visto el poema «Sión» infinidad de veces, no lo entiende, esto es, no entiende que se trata de una broma y mucho menos que esconda algo muy serio, como afirman sus invitados. De pronto los dos jóvenes se convierten en críticos literarios del estridentismo aunque nunca explican en qué consiste eso *muy serio* oculto en el poema, pero le afirman que es una broma. En la metaficción policial, y quizá en todo relato metaficcional, cualquier instancia que participe en la historia, incluyendo la voz narrativa, tiende a ejercer el papel de crítico o incluso de teórico de la literatura, como vimos en el caso de Kostia «teorizando» sobre Roberto Arlt. Salvatierra, si bien no descubre el significado de «Sión», recuerda que en su última charla con Tinajero, al intentar convencerla de que no se mude a Sonora, le concede el mérito de llamarla estridentista (como años después harán Belano y Lima con García Madero al hacerlo real visceralista): «Aquí tienes tu trabajo, tienes tus amigos, Manuel [Maples Arce] te aprecia, yo te aprecio, Germán [List Arzubide] y Arqueles [Vela] te aprecian [...]. Tú eres una estridentista de cuerpo y alma. Tú nos ayudarás a construir Estridentópolis, Césarea» (Bolaño 2005: 460). Así pues, cualquier personaje, y no únicamente los expertos, puede evaluar, sugerir, explicar o desacreditar la producción literaria de la que se habla en la novela, con lo cual nos encontramos de nuevo con una imagen reflexiva, en esta ocasión con el especialista en literatura reflejado en varios personajes de la trama, y cuyos comentarios, más de una vez, resultan más acertados u originales que los emitidos por los investigadores certificados.

Entre los muchos consejos literarios que Kostia ofrece, selecciono uno que se encuentra en una carta dirigida a Arlt. En ella, Saúl Kostia comenta la primera versión de un cuento (se entiende que es «Luba») enviado por su amigo. Según su opinión, el relato es bastante bueno, aunque *suena* muy San Petersburgo –una de las pocas pistas sobre el plagio de «Las tinieblas» de Andreyev–. No lo convence, sin embargo, la supuesta perspectiva de Arlt sobre el negocio de la literatura, o la literatura como negocio; por ello insiste en su propia visión desacralizante de las letras, emitiendo un juicio sobre la tarea del escritor:

> Tenés que separar la literatura de la guita. Imaginarse que la literatura es una especialidad, una profesión, me parece inexacto. Todos son escritores. El escritor no existe, todo el mundo es escritor, todo mundo sabe escribir [...]. Diría aún más: cuando se conversa, cuando uno narra una anécdota, se hace literatura, siempre es la misma cosa. Hay personas que jamás han escrito en la vida y de golpe escriben una obra maestra. Los otros son profesionales, escriben un libro por año y publican porquerías para vivir de eso (si pueden). (Piglia 2002: 129)

Más que una recomendación, parecería que se trata de una concepción de la literatura en la que Kostia mezcla aspectos del compromiso intelectual (en contra del carácter comercial de las letras) con la noción de talento individual, y sobre el azar que influye en el éxito y en el fracaso. A su vez, la erudición, o el alarde de erudición, lleva a Renzi a explicar por medio de un símil la circunstancia del cuento y la relación entre Arlt y Kostia. El conflicto, aduce, es semejante al que tuvo que enfrentarse Max Brod luego de la muerte de Franz Kafka. En una larga nota a pie de página Renzi nos recuerda la situación de Brod y la posible duda que pudo albergar al tener en sus manos los escritos no publicados de su amigo: «La gran tentación de Brod no fue publicar los textos o quemarlos [...]. La duda fue (debió ser) ésta: "Nadie –salvo yo, salvo Kafka que ha muerto– conoce la existencia de estos escritos. Entonces: ¿publicarlos con el nombre de Kafka o firmarlos y hacerlos aparecer como míos?"» (Piglia 2002: 143, nota al pie). Kostia pudo haber publicado «Luba» bajo su firma (algo que finalmente hace), mas espera muchos años antes de tomar esa decisión. De haberlo efectuado antes, quizá, no hubiera tenido que pasar ya por el escritor fracasado amigo de Arlt, como lo conocemos desde la perspectiva de Renzi. Además del plagio, pues, se reflexiona a propósito del fracaso, del fracaso (de cualquier índole, pero sobre todo del escritor) como tema de la literatura. Y Kostia, dándole más pistas al lector (más incluso que el narrador Renzi), vuelve a recomendar lecturas al especialista: «Mire –dijo–, haga una cosa: lea *Escritor fracasado*. El tipo no puede escribir si no copia, si no falsifica, si no roba: ahí tiene un retrato del escritor argentino» (2002: 140-141).

El fracaso condenado al éxito

Las novelas policiales, hemos señalado, cuentan una aventura cuyo fin, se espera, será exitoso; esto es, una trama cuyas piezas, desorganizadas, cobrarán sentido a partir del éxito interpretativo del investigador. No obstante, tras las apreciaciones de Stefano Tani sobre el *doomed detective*, cabe también la posibilidad de valorarlas como relatos de un fracaso a largo plazo, toda vez que, para que las series y ciclos narrativos del policial puedan tener secuelas, debe prolongarse al infinito la pugna entre el *caos* y el *orden* que subyace en el género; en otras palabras, los enigmas aislados podrán ser resueltos pero habrán de renovarse, pues el acecho, y el régimen de la sospecha que se deriva de éste, es un factor imprescindible para garantizar la necesidad de un detective, de un médico, de un economista, de un psicoanalista y, en suma, de cualquier experto acreditado que, bien o mal, consiga vendernos tranquilidad ante cualquier incertidumbre: por malo que sea el detective, algo sacará en claro. Ahí están los ejemplos de Terry, Renzi, Belano y Lima. A fin de cuentas, como acepta Renzi, «cuando se dice [...] que todo crítico es un escritor fracasado, ¿no se confirma de hecho un mito clásico de la novela policial?: el detective es siempre un criminal frustrado (o un criminal en potencia)» (Piglia 2002: 146, nota al pie).

El tema del fracaso en *La novela de mi vida* se percibe en los dos protagonistas, Fernando Terry y José María Heredia. En éste, el desengaño no se da en el dominio de las letras, sino en su ejercicio de la política; a consecuencia de su postura independentista pasa la mayor parte de su vida en distintos países. Para Fernando Terry, la amenaza del fracaso interpretativo casi se cumple, pues finalmente no halla la autobiografía de Heredia (el lector sabe que fue destruida más de medio siglo antes, en 1939, por Domingo Vélez de la Riva y del Monte, bisnieto de Domingo del Monte), pero logra inferir el contenido de esos papeles gracias a una carta cedida por Carmencita Junco, descendiente de Heredia y Lola Junco. Veintinueve días después de haber llegado a La Habana, a un día de terminar su permiso de estancia, Fernando tiene acceso a un documento que, en palabras de Carmencita, «no se puede publicar. Es una carta muy personal. Es más, si dice que la leyó, voy a desmentirlo. Si hubieran aparecido las memorias de Heredia sería distinto» (Padura 2002: 328). Como es predecible, se trata de una carta firmada por J. M. Heredia donde resume el contenido político y la relación amorosa premarital que da a conocer en su autobiografía. A partir de ese documento, Fernando Terry confirma sus sospechas de que Domingo del Monte provocó el exilio y la persecución sufrida por el poeta.

La aparición de dicha carta, por cierto, es bastante sorpresiva. Incluso exige una fuerte complicidad del lector para aceptar la verosimilitud de esa llegada súbita y salvadora. Este procedimiento no es ajeno, sin embargo, a la tradición de las literaturas policiales, donde buena parte de desenlace recae en el azar favorable al protagonista: una de las convenciones de la narrativa detectivesca es que la resolución sea presentada lo más tarde posible, y para ello la suerte, como el raciocinio, deben estar del lado del protagonista.

A fin de incrementar el efecto producido por esa intervención del azar, la narrativa policial, y en general cualquier relato en el que prepondere la intriga, cuenta con un procedimiento de alteración en el flujo del discurso, o sea, lo obstaculiza o lo retrasa. Y con dicho momento de suspensión vuelve la duda que acompaña al detective desde el inicio de la pesquisa: ¿vale realmente la pena hacer la investigación? ¿Se gana mucho con encontrar los papeles perdidos de Aspern, los manuscritos de Roberto Arlt, el segundo libro de la *Poética* de Aristóteles, los poemas de Cesárea Tinajero? Para alguien que se dedica a la literatura esas preguntas resultan un despropósito. Sin embargo, dichos cuestionamientos sobre el móvil de la investigación resurgen cuando, al parecer, ya no hay más alternativas para consumar el éxito: «lo que más le agotaba era la evidencia de que todos los caminos recorridos conducían a la nada –nos cuenta el narrador de *La novela de mi vida*–: ni los papeles de Heredia, ni la revelación del amigo traidor, ni la relación con Delfina parecían tener destinos satisfactorios» (Padura 2002: 173), es decir que, desde esta perspectiva, Fernando Terry ha hecho un viaje infructuoso a su país natal, algo que con mucha probabilidad incrementará su frustración profesional, familiar y amorosa. Páginas adelante, además del estancamiento de la averiguación, el factor temporal se manifiesta como un oponente más del personaje principal al darse cuenta de que «ya había agotado más de la mitad de su tiempo y la idea del regreso a España empezaba a aguijonearlo. Todo lo que había venido a buscar permanecía en la bruma del deseo» (Padura 2002: 186).

Así pues, antes de la intervención del azar final, o de la conjunción de éste con el razonamiento certero, se recurre a los «morfemas dilatorios» que componen el código hermenéutico del relato; hay, entonces, y como procedimiento ya asimilado por las literaturas policiales, un retraso premeditado en el devenir de la trama que antecede a la revelación, retraso que intenta llevar al límite a la tensión narrativa. No obstante, de una página a la otra, el panorama del detective puede y debe cambiar.

En «Nombre falso», una vez que Kostia ha publicado en el periódico el cuento «Luba» bajo su nombre, a Emilio Renzi no le queda nada por hacer, pues ya no es un texto inédito, a menos que pudiera comprobar que se trata de un plagio, o que encuentre una versión más completa de ese cuento; sólo así, valdría la pena el esfuerzo. Andrés Martina, «un hombre de edad, tímido y afable [...], obrero ferroviario jubilado» (Piglia 2002: 101), en pocas palabras, alguien ajeno a la literatura y a las cuitas literarias de Renzi, es quien le lleva el primer cuaderno, como respuesta al anuncio publicado. Su presencia en el relato pasa inadvertida, se *invisibiliza* al no tener la menor jerarquía en el entramado de la *nouvelle* (pero sí en su resolución), tal como sucede con el efecto de la «carta robada». De tal suerte que es Andrés Martina quien ofrece el primer cuaderno con el manuscrito de Arlt; es él quien, igualmente, le salva la faena a Renzi. Sin embargo, durante la pesquisa y el enredo entre Renzi y Kostia no volvemos a recordar a ese hombre hasta que, en la última página de esa primera sección de la obra, «Homenaje a Roberto Arlt», vuelve a aparecer milagrosamente con otra dotación de documentos rescatados por él y transportándolos hasta el domicilio del crítico, revelándose, al menos para el lector (el narrador Renzi se empeña en ningunearlo, en escatimarle cualquier crédito) como el instrumento de esa especie de *deus ex machina* necesario para el desenlace. *Deus ex machina*, se entiende, sin intenciones despectivas, simplemente como ese último golpe de suerte, vuelta de tuerca del azar o epifanía de la serendipia, que suele estar del lado del detective, tal como puede reconocerse en uno de los párrafos finales de *Los detectives salvajes*, tomado del diario de Juan García Madero:

> Hemos encontrado a Cesárea Tinajero. Alberto y el policía, a su vez, nos han encontrado a nosotros. Todo ha sido mucho más simple de lo que hubiera imaginado, pero yo nunca imaginé nada así [...]. Preguntamos por ella y nos dijeron que fuéramos a los lavaderos [...]. Cesárea no tenía nada de poética. Parecía una roca o un elefante. Sus nalgas eran enormes y se movían al ritmo que sus brazos, dos troncos de roble, imprimían al restregado y enjuagado de la ropa. (Bolaño 2005: 601-602)

Después de tantos kilómetros recorridos entre la Ciudad de México y Sonora, Belano, Lima y García Madero encuentran a la poeta estridentista. Entre el heroísmo y el ridículo, los detectives salvajes completan su azar final.

No intercambian ningún diálogo con Tinajero, sólo le piden que suba a su auto. Minutos más tarde, sobre la carretera, el criminal que los persigue, Alberto, los intercepta y comienza una balacera. La admirada poeta muere en el fuego cruzado. Así como la casualidad los favoreció para hallar a Tinajero, ahora los hace partícipes de su muerte, una muerte grotesca y cómica al mismo tiempo, misma que será el pretexto de la fuga de Lima y Belano por varios países durante veinte años, documentada en la parte de las entrevistas. Pero antes de que eso suceda, en el desierto de Sonora les vuelve la pregunta que ha acompañado a todos los detectives ficcionales y, en suma, a todos los investigadores literarios y no literarios en el transcurso de su labor por recabar, interpretar y comunicar cualquier forma de conocimiento: ¿vale realmente la pena hacer la investigación?

Lectura policial:
el recorrido hacia el texto ausente

> Ce terrain vague, couvert de neige, est comme une immense page blanche où les gens que nous recherchons ont écrit, non seulement leurs mouvements et leurs démarches, mais encore leurs secrètes pensées, les espérances et les angoisses qui les agitaient.
>
> Émile Gaboriau, *Monsieur Lecoq*

Si, como señala Tzvetan Todorov, el relato policial clásico cuenta dos historias, la *historia del crimen* y la *historia de la investigación*, la actividad de la lectura debe también realizarse en dos sentidos por lo menos. Este carácter binario de la construcción del relato policial reconocido por Todorov en «Tipología de la novela policial» –quizá el ensayo formalista más claro e influyente dentro de los estudios sobre la narrativa de detectives– se transfiere, también, al ámbito de la lectura. En efecto, son dos historias, la del crimen y la de la investigación, ambas articuladas dentro del mismo discurso o realidad textual pero distanciadas por el enigma, que irá transparentándose conforme se arriba a las páginas finales. Tras múltiples dilaciones y postergaciones del esperado encuentro o enlace de ambas historias, es en la resolución donde éstas convergen y se explican una a la otra. O mejor dicho, se completan una a la otra para, literalmente, consumar la narración en una totalidad, no por fuerza en una acepción de *happy end*, pero sí, en caso de que la obra funcione, en un sentido estético.

La *historia del crimen*, que para nosotros será el momento y el proceso de la escritura del texto por encontrar («Luba», la obra poética de Tinajero, la autobiografía de Heredia), sucede incluso decenios antes de que inicie la historia de la investigación. Inevitablemente se han dejado pistas a lo largo de la escritura y de las peripecias del o los manuscritos, y es ésa la historia oculta que habrá de conocerse o inferirse al final de la pesquisa. A su vez el detective recopila datos de corte bibliográfico y efectúa su búsqueda en librerías, hemerotecas, bibliotecas y localizando gente que pudo haber tenido alguna forma de contacto con los autores o con los escritos originales. Es ésta, entonces, la *historia de la investigación*: las conjeturas alrededor de una producción literaria específica y el proceso de comprobación a las que son sometidas por el detective.

Dicho de otro modo, leemos la aventura de un detective que está construyendo una historia sobre su lectura metódica, una lectura decidida a hallar los indicios dejados por el autor –Arlt, Tinajero, Heredia–, que equivale exactamente a lo que nosotros efectuamos al ir enterándonos de las historias de Belano y Lima, de Renzi y de Terry.

En este segmento se abordarán algunas de las cuestiones relacionadas con la lectura reclamada por las novelas del corpus, novelas que, en tanto narraciones detectivescas metaficcionales, invitan a reflexionar sobre los múltiples ejercicios de interpretación que suscitan, evidentemente no sólo por parte del lector empírico, sino también del investigador literario, el cual resulta ser una variante del detective ficcional, como hemos visto en el apartado anterior.

Las reglas del juego

Iniciemos con el paratexto que identifica a la obra. El título *Los detectives salvajes*, así como la imagen de portada elegida, un detalle de la acuarela *The Billy Boys* de Jack Vettriano[1], aprovechan clichés del género de detectives, iconos de fuerte carga semántica que guían el acercamiento al texto desde el primer contacto con el libro en tanto objeto, pues la palabra «detectives» y las siluetas de tres hombres vestidos de traje y sombrero negros, caminando en una playa, con las manos en los bolsillos, remiten al estereotipo del *private eye* del cine negro y de la narrativa *hard-boiled*: así como en el título no se mencionan los nombres propios de los personajes, en la imagen tampoco se distingue el rostro de los retratados a contraluz, ya sea por la posición de la cabeza o por la sombra del ala del sombrero. Recordemos que luego de la muerte de Cesárea Tinajero, del proxeneta que los persigue y del policía amigo de éste, Lima y Belano escapan de México y transitan de un país a otro de manera más o menos clandestina, por lo cual los indicios de su identidad deben ser disipados. Una interpretación de carácter metaficcional, también válida, sobre las identidades no señaladas en esas dos instancias paratextuales, atribuye el papel de «los

---

[1] Específicamente, me refiero a la octava edición de la novela, publicada por Anagrama en 2005.

detectives» a los lectores, pues por medio de las entrevistas son ellos quienes rastrean las andanzas de Belano y Lima, los saben culpables indirectos de las tres muertes en el desierto de Sonora, y efectúan un recorrido de veinte años siguiendo las actividades de ambos real visceralistas.

Aunque la semántica de «Nombre falso» parece mucho menos explícita que *Los detectives salvajes*, una revisión detenida revela una complejidad de distinto orden. Primero, que el volumen, compuesto por una «nota preliminar», cinco cuentos y una *nouvelle*, lleve el título de esta última (ciertamente una convención arraigada a los libros de cuentos o antologías de textos de un solo autor) obliga a distinguir y a mantener especial cuidado en la diferenciación entre *Nombre falso* (libro) y «Nombre falso» (novela corta o *nouvelle*); a eso se le añade que la *nouvelle* está dividida en dos fragmentos que pueden incluso leerse de forma independiente, el primero como un informe entre académico y periodístico escrito por Emilio Renzi y el segundo como el supuesto cuento inédito de Roberto Arlt. Después de la problemática de la denominación viene el sentido literal del título: *nombre falso* como un apelativo incorrecto, como un truco onomástico que identifica a un personaje del texto (o al texto mismo) de una forma errónea, ya sea por ignorancia o por ardid. En el caso de la *nouvelle* de Piglia el título abarca todas las opciones anteriores, pues la protagonista del cuento «Luba» no se llama Luba, sino Beatriz Sánchez, y el cuento «Luba» en realidad se llama «Las tinieblas», escrito por Leonid Andreyev. Las dificultades derivadas del título en torno a la veracidad y la impostura sirven, a manera de advertencia, como las reglas de juego del relato, juego en el que participan el intercambio mercantil (literatura/dinero) y el plagio, es decir, dos aspectos habituales, aunque de trato delicado, entre aquellos cuyo trabajo está relacionado con las letras.

El título *La novela de mi vida* podría interpretarse en instancia primera como el nombre algo cándido de una autoficción. En el fondo denomina, ciertamente, al ejercicio autobiográfico que José María Heredia redacta para el hijo al que nunca pudo conocer, pero también permea en la historia de Fernando Terry, el crítico literario de finales de siglo XX que busca justo ese manuscrito. El epígrafe de la novela, sin embargo, justifica la elección: "¿Por qué no acabo de despertar de mi sueño? ¡Oh!, ¿cuándo acabará la novela de mi vida para que empiece su realidad?" J. M. H., 17 de junio de 1824» (Padura 2002: 13). En las tres obras del corpus es este título el que remite más claramente al carácter metaficcional del texto, pues plantea, primero, la paradoja del adjetivo posesivo *mi*, el cual puede ligarse con la vida de Heredia y con la de Terry indistintamente, e incluso, de forma más ambiciosa, con la vida de todos los intelectuales exiliados nacidos en Cuba; luego la denominación *novela*, que pone en duda la acepción de dicho género literario toda vez que el relato de Heredia se autodefine como una autobiografía, y por último, desde un punto de vista puramente metaficcional, la asistencia del lector al proceso de construcción literaria de la autobiografía y de los tropiezos de Fernando Terry, esto es, de cómo los diferentes narradores escriben sendas novelas de *su* vida.

Si hablamos de reglas de juego se debe no sólo al hecho evidente de que cada texto, cualquiera que éste sea, contiene un código propio, sino a que en la retórica del género y del registro policiales existen temáticas, situaciones reconocibles y personajes tipo, los cuales, como aduce George N. Dove, «después de suficientes repeticiones, [...] desarrollarán no nada más un conjunto de reglas, sino también una estructura hermenéutica» (1997: 86)[2], como lo son la desaparición de una persona, los misterios de cuarto cerrado, la víctima inidentificable, el manuscrito perdido, la connivencia de la policía frente a los delincuentes o la colusión de ambos. Cuando se trata de novelas policiales de género, lo más probable es que participemos del juego incluso antes de iniciar la lectura gracias a los paratextos y peritextos editoriales, creando un juicio previo, una percepción genérica que, según Genette, «orienta y determina en gran medida el "horizonte de expectativas" del lector, y, por lo tanto, de la recepción de la obra» (1982: 12)[3]; así, la etiqueta novela negra es una de las pocas, al lado de la ciencia ficción, que se muestra desde prácticamente todas las instancias susceptibles de comunicar su estatus genérico (colores predominantes e imágenes en las cubiertas, tamaño del libro, tipografía de la portada, colección, etc.); por el contrario, en las novelas *de registro* policial, se tiende a aligerar esa carga instructiva al lector-consumidor.

¿Cómo y en qué momento podemos asegurar, entonces, que se trata de una novela policial? Sin duda la respuesta se concentra en el acto de lectura, es decir, que sólo leyendo el texto puede realizarse el ejercicio de identificación planteado. Y aunque esta respuesta sea de una evidencia casi absurda, debemos tener en mente que hacemos referencia a una situación abstracta en que el lector carezca de cualquier conocimiento previo sobre el autor y el libro, e igualmente del título y de cualquier otro paratexto. De otra manera, siempre

---

[2] «After sufficient repetition, [current themes of detective fiction] will develop not only a set of rules but a hermeneutic structure».

[3] «[La perception générique, on le sait,] oriente et détermine dans une large mesure l'« horizon d'attente » du lecteur, et donc la réception de l'œuvre».

existen formas de alertarnos de lo que leemos, como sucede con el texto de la contraportada de *Los detectives salvajes*: «este libro que puede leerse como un refinadísimo *thriller* wellesiano», mismo caso de *La novela de mi vida*, donde, según la contraportada, las «delaciones, exilios e intrigas políticas parecen insoslayables para todo creador, sea cual fuere el periodo histórico que le toque en suerte vivir» (en el contexto cubano).

Las aseveraciones de las contraportadas y de las solapas obedecen a un interés editorial por conducir, en cierta medida, al lector (al comprador) potencial, y más aún cuando se trata de extractos de reseñas o de trabajos críticos realizados por académicos y autores reconocidos. No forman parte del texto principal, pero sí del complejo entramado de paratextos que conforman la totalidad libro. Las frases a propósito de *Los detectives salvajes* «un refinadísimo *thriller* wellesiano», «un carpetazo histórico y genial a *Rayuela*», y la afirmación de Ignacio Echevarría, todavía más insólita, «el tipo de novela que Borges hubiera aceptado escribir», denotan no sólo un apresuramiento por encajar la novela de Bolaño dentro del más alto escalafón de la narrativa latinoamericana, sino también una especie de sensacionalismo literario que incomoda y no pocas veces escandaliza por su manifiesta superficialidad, toda vez que se trata de citas descontextualizadas; en otras palabras, se trata de ganchos válidos en términos de mercado, pero cuestionables en términos de crítica literaria, declaraciones con las cuales se puede estar de acuerdo o no, pero que indudablemente cumplen su función como guía de lectura y, finalmente, de consumo.

Volviendo a las narraciones, encontraremos en ellas esos tópicos de la novela policial y de la novela negra, ya sea calcados, parodiados o, en la mayor parte de los casos, apropiados, pues a fin de cuentas, de acuerdo con nuestros argumentos, las tres obras del corpus pertenecen al espectro de las literaturas policiales por su registro, en la temática específica del enigma del texto ausente. Como tales, son historias en las que se va desarrollando una pugna entre las incertidumbres y las certezas. Las primeras comienzan siendo muchas; las segundas, escasas, pero van ganando terreno durante el proceso de detección, equilibrando el binomio *ocultamiento-revelación*. La primera certeza, de hecho, es la certeza de que hay un misterio que exige ser solucionado, de una verdad oculta que necesita ser descubierta: «Estas dos cartas [dice Emilio Renzi], que confirman la existencia de un cuento escrito por Arlt en esos días, me dieron la pista para empezar a investigar [...]. A partir de esto se abrían algunos interrogantes» (Piglia 2002: 132). En efecto, a partir de una primera certidumbre —la certidumbre de que algo falta, de que algo se desconoce— el personaje que interpreta el rol de detective se adjudica la obligación de enfrentar el enigma. Se engancha en la trama de la misma manera que sucede con el lector. O por lo menos eso es lo que se espera.

Si en «Nombre falso» se alude a un escritor «real» (según nuestra propuesta de procedimientos metaficcionales lo llamamos *doble paródico*, pues hace referencia a una persona real, pero no es la persona real), en *Los detectives salvajes* el *role-playing* (es decir, la puesta en acción de un personaje que pretende representar a una persona de la realidad práctica) de la metaficción inventa un personaje-enigma, Cesárea Tinajero. La primera certeza en la novela es que Tinajero existió; lo atestiguan las lecturas hechas por Belano y Lima de revistas y libros estridentistas en los cuales, afirman, «las referencias [a Tinajero] eran abundantes, [y] decían que era una buena poeta», a lo cual Amadeo Salvatierra replica: «¿Una buena poetisa? […] ¿Dónde han leído algo de ella? No hemos leído nada de ella, dijeron, en ninguna parte, y eso nos atrajo […]. Todos hablaban muy bien de ella o muy mal de ella, y sin embargo nadie la publicó» (Bolaño 2005: 162). Cierto es que la justificación, comparada con buscar un inédito de Arlt, resulta más endeble, pues ni siquiera en la ficción, hasta ese momento, Cesárea Tinajero es considerada una literata de renombre; sin embargo, la tenacidad de la pesquisa dotará a Tinajero, cuyos únicos poemas conocidos no son más que «una broma», de una dimensión mítica que se irá incrementando conforme exploran su paradero.

En 1999 Fernando Terry, de cuyo pasado reciente en Madrid no conocemos nada, es notificado del descubrimiento hecho por uno de sus antiguos profesores, el doctor Mendoza, en la sección de papeles masónicos del Archivo Nacional de Cuba. Se trata específicamente del hallazgo de un acta donde «se aseguraba que el viejo masón [José de Jesús Heredia, hijo del poeta] había entregado al Venerable Maestro un sobre sellado que contenía un valioso documento escrito por su padre […]. Fernando concluyó que no podría ser otro que la presunta novela perdida de Heredia que por años –y sin el menor éxito– había tratado de localizar» (Padura 2002: 17), novela que el ex doctorando jamás localizará, pues fue destruida mucho años antes. Pero la certidumbre inicial proporcionada por el acta masónica es innegable, y lo motiva para volver a su país en plan de investigador.

A partir de esas noticias en las tres historias atestiguamos, junto con los protagonistas, la declaración de la incógnita respectiva. En esa declaración se plantea la regla del juego de la lectura policial, que va de la incertidumbre a la certeza, de la ignorancia al conocimiento. Nos enteramos de que hay piezas faltantes en el entramado del relato. El investigador de cada historia, o quien pretende serlo, recolectará dichos fragmentos e intentará colocarlos en su sitio (una antología, un ensayo académico, una reedición), mientras que el intérprete de la novela, de forma análoga, reconstruye los pasos del crítico-detective literario desde su posición de testigo que no puede incidir en el proyecto narrativo, pero sí es capaz de conjeturar alrededor de cada incertidumbre que atraviesa la diégesis. En consecuencia, como afirma Colas Duflo, «el lector, a partir de eso, puede ser asimilado a aquellos lectores de problemas de ajedrez. No son parte activa en ese juego. Pero, de cierta forma, también juegan, pues deben interpretar lo que se les ha dado a leer [...], deben completar el desciframiento de los signos. [De ahí que] la lectura policial sea una hermenéutica lúdica» (1995: 22)[4].

Como en los llamados *puzzle* o *murder parties* tipo Agatha Christie, el juego es un factor esencial para mantener la atención y provocar el interés del espectador en cualquiera de las variantes del policial; en las novelas aquí trabajadas, sucede que parte del juego es acceder (o creer en la promesa de un acceso) a grandes verdades históricas de Cuba, al trabajo desconocido de uno de los escritores argentinos más relevantes o al tren de vida de los intelectuales latinoamericanos en el exilio. Estos tres temas, como puede verse, apelan a un tipo de lector que poco tiene que ver con aquel acostumbrado al detectivesco comercial, aunque el mismo principio del «juego de la interpretación» funciona para ambos. Si bien existe por lo regular una diferencia cualitativa entre el *best-seller* y la literatura artística en lo que respecta al tratamiento del lenguaje, la principal razón por la que funcionan estas tres novelas (y en general las apuestas globales de sus autores) es por el tema tratado: no se limitan a notas sangrientas y efectistas, sino ambicionan un rango mucho más alto en cuanto a temáticas y más profundo en cuanto a construcción de ambientes y personajes, aspirando, con ello, a integrarse a la literatura de *alta gama*, o a la llamada *literatura blanca*, es decir, que se desmarca de toda pertenencia genérica (frecuentemente diferenciada por colores en las librerías); así, en el acto de lectura de textos como los que conforman el corpus de este estudio, presenciamos una desestabilización del «juego» del relato policial, consecuencia del descuido de las convenciones de los géneros formulaicos, uno de los procedimientos narrativos que constituyen el efecto metaficcional.

---

[4] «Le lecteur, dès lors, peut être assimilé à ces lecteurs de problèmes d'échecs. Ils ne sont pas partie prenante dans le jeu. Mais, d'une certaine façon, ils jouent aussi, ils doivent interpréter ce qui leur est donné à lire [...], ils doivent accomplir le déchiffrement des signes. La lecture policière est une herméneutique ludique».

Aunque las tres obras de nuestro corpus gozan de buena reputación entre quienes realizan estudios literarios (baste con revisar la cantidad de congresos, jornadas de estudio y dossiers especializados alrededor de los autores en los últimos años), la novela de Bolaño es, sin duda, la más leída entre el público lector no especializado. Intentar explicar y argumentar el porqué de esa diferencia requiere, además de un enfoque distinto y un espacio que no correspondería a lo que este ensayo propone, un análisis en torno al gusto literario de la época que, para ser medianamente atractivo, tendría que abarcar la obra narrativa entera del autor. No obstante, podemos especular que *Los detectives salvajes* resulta la más accesible –en términos de legibilidad– de ese trío de novelas por el hecho de que funciona en diferentes registros o niveles de lectura, desde uno que, como el *best-seller*, busca el entretenimiento mediante una concatenación de aventuras de dos héroes que tienen mucho de adolescentes, hasta otro nivel que requiere una competencia lectora que permita reconocer no ya las obvias estratagemas formales de la novela, sino las múltiples parodias a la literatura negra clásica, a la literatura mexicana de la Onda, al grupo francés del Oulipo (*ouvroir de littérature potentielle*, «taller de literatura potencial»), por sólo mencionar algunas de las referencias más inteligibles.

Para hacer el asunto más complejo, su estruendosa popularidad entre lectores especialistas y *amateurs*, tal como ha sucedido con el género policial, ha comenzado a suscitar el comprensible recelo entre algunas de las esferas más doctas del circuito académico y de quienes se dedican a la denominada «creación literaria», quienes atribuyen la notoriedad de autores como Bolaño y Padura a un facilismo literario (*cualquiera* lo puede leer, a *cualquiera* le gusta, se habla de ellos *por donde sea*), cuando no al producto de una serie de estrategias comerciales disparadas por sus respectivas editoriales. Nos encontramos, así, ante la polémica entre quienes acusan la sobrevaloración de una obra y entre quienes creen y reproducen, con muy poco sentido de las dimensiones valorativas, las elogiosas frases incluidas en contraportadas y solapas de los libros, entre otras instancias paratextuales.

Espacios de inculpación

Luego del reconocimiento de los signos externos que guían el pacto ficcional, el recorrido interpretativo no tarda en ser obstaculizado por la sospecha. Incluso suele haber una lista de sospechosos, y una de las convenciones mejor sabidas del policial es que el primero de esos sospechosos, el más evidente, nunca es el culpable. Pero incluso esa convención resulta susceptible de recelo, de tal suerte que tanto detective como lector asuman la tarea de descartar una por una sus dudas acerca del culpable o culpables, que en nuestro dominio de investigación serán aquellos que poseen información sobre los textos perdidos o sobre el pasado de su autor.

De inicio a fin de *La novela de mi vida*, Fernando Terry interroga a sus excompañeros universitarios con el objeto de encontrar a quien lo imputó de saber que uno de ellos planeaba salir clandestinamente de Cuba. De todos tiene razones para sospechar. En total son siete posibles delatores, a quienes el narrador de la novela dedica ocho páginas continuas para delinear su perfil individual. Este procedimiento, típico del género policial clásico, funciona como una declaración de buena fe (de *fair play*, como se denominaba desde la primera mitad del siglo XX a la paridad de información otorgada al lector y al investigador) con la cual se pretende dejar claro que no se engañará al lector y, con ello, crear la ilusión de que éste tiene exactamente las mismas posibilidades de descubrir al culpable que el protagonista. Para mostrarlo, recogemos algunas frases de ese recuento de sospechosos, todas pertenecientes a una sola secuencia:

> Álvaro siempre le resultó demasiado auténtico como para tener los compartimentos secretos indispensables al traidor [...]. Arcadio aceptaba elogios, viajes, medallas, autos asignados y hasta precoces homenajes, convencido de que los merecía [...]. Desde siempre Tomás había sido el cínico del grupo, el camaleón perfecto, y entre todos era el que le otorgaba más opciones de haber sido su acusador, aun cuando no tenía una sola evidencia para fundamentar sus sospechas [...]. Conrado había explotado al máximo su ambición y capacidad innata para mutar y, cazando y exprimiendo sus oportunidades, realizó sus sueños de ascenso [...]. (Padura 2002: 37-42)

En el drama personal de Fernando Terry existe la certeza de una traición ocurrida casi dos decenios antes de su vuelta a Cuba. Por más que sus amigos intenten convencerlo de que quizá no haya habido traidor se niega a considerar esa posibilidad. No pone en duda la eficiencia algo agresiva de la seguridad de Estado ni la honestidad de los funcionarios, lo cual hace que se vuelva más intransigente respecto a su primera certeza. Recordemos que, sin embargo, cerca del desenlace descubre al oficial de policía que lo interrogó en la universidad, y esa certidumbre que mantuvo el nerviosismo entre Terry y sus condiscípulos se derrumba al enterarse de la trampa de la que fue víctima.

La pista del manuscrito, si bien no fue una trampa, también se desmorona tras varias semanas de investigación documental y de entrevistas infructuosas. Entretanto, las conjeturas y sospechas se han multiplicado en torno al destino de los papeles de Heredia, particularmente sobre la posibilidad de que *Espejo de paciencia* —obra épica que inicia la literatura cubana, escrita hacia la primera década del siglo XVII por Silvestre de Balbuena— sea un fraude planeado por el mismo hombre que traicionara a José María Heredia, Domingo del Monte. Esas sospechas intrusivas se transforman de pronto en una teoría de la conspiración, según la cual «el *Espejo* es demasiado perfecto, tan perfecto como hacía falta [dice Miguel Ángel]. Por eso pienso que lo inventaron. La armaron bien, no dejaron ni pistas ni cabos sueltos, nadie habló… Del Monte era un genio de la intriga y la conspiración» (Padura 2002: 174). Terry es fácilmente persuadido de que existe algo de verídico en esa inculpación extrema, lo cual apoya la versión de que la autobiografía es más peligrosa y reveladora de lo que se había supuesto, pues «si los antiguos compañeros de Heredia habían sido capaces de armar una superchería poética como el *Espejo de paciencia* para garantizar la existencia de un pasado literario hasta entonces vacío, ¿qué otras cosas no podían haber hecho para preservar el secreto de su fraude?» (2002: 186).

Puesto que la empatía con Fernando Terry se cimienta desde el inicio, es posible que el lector comparta sus sospechas sobre la falsedad de ese escrito. Puede colaborar y creer en la viabilidad de la conspiración a partir de los argumentos de los personajes cercanos a Terry. No obstante, hacia el final de la novela, el lector es el primero en confirmar las hipótesis que la ficción le ha sugerido: gracias a una charla entre Heredia y otro personaje, diálogo transcrito en la autobiografía destruida, tiene ahora la certeza de que *Espejo de paciencia*, en ese universo ficcional al menos, es una estafa perpetrada por Del Monte, quien «se ha propuesto inventar la literatura cubana […]. Ha puesto a escribir a todos y ha repartido los papeles. Unos van a rescatar a los indios cubanos para tener un pasado anterior a los españoles […]; otros sobre las costumbres de La Habana para crear el espíritu de una ciudad […]; otros sobre la historia para demostrar que somos distintos a España» (Padura 2002: 294). Eso afirma Heredia en su manuscrito perdido. A final de cuentas el lector, que tiene acceso a dos historias desconocidas para Terry (por un lado la peripecia del manuscrito y, por otro, el contenido de éste), completa el circuito de la metaficción al poner en duda la autenticidad de un texto de existencia efectiva, el *Espejo*, sabiendo que todos esos detalles provienen de una obra de ficción.

La duda quizá persista o no al terminar de leer la novela. Pero mientras tanto el conflicto entre realidad empírica y realidad ficcionalizada se manifiesta en esa sospecha. El efecto metaficcional se cumple, así, gracias al empleo de la puesta en abismo (manuscrito autobiográfico dentro de un texto del género novelístico), del *role-playing* (utilización de nombres propios referenciales para «legitimar» la historia narrada y anclarla en tiempo y lugar precisos), y al metacomentario (la reflexión en torno al valor literario de un texto «fundacional» y el cuestionamiento de la historia oficial de la literatura cubana).

Una conjetura desproporcionada en *Los detectives salvajes*, por ejemplo, es la que circula entre los amigos de Arturo Belano y Ulises Lima en relación con sus investigaciones, de las cuales, suponen, nacería algo muy importante, un descubrimiento que, en cuanto fuera publicado, iba a «remover los cimientos de la poesía mexicana [...] ¿algún manuscrito desconocido de Sor Juana Inés de la Cruz? ¿Un texto profético de Sor Juana sobre el destino de México?» (Bolaño 2005: 171). Esa franja de duda, como puede verse, recae en el absurdo de suposiciones como las transcritas. No obstante su carácter inverosímil y exageradamente cándido, la conjetura que se maneja entre el grupo de amigos funciona no por el hecho de que sea o no viable, sino porque ellos, en tanto literatos y poetas, creen casi dogmáticamente el mito romántico del poder de la palabra. Si ellos suponen una lectura metafísica de un texto de Sor Juana, o que la existencia de éste pueda remover «los cimientos de la poesía mexicana», es algo intrascendente; lo que importaría, en todo caso, sería entender dichas conjeturas como agentes de una tensión narrativa que, al mismo tiempo, revelan hasta qué punto puede llegar la credulidad y especulación acerca del poder de la letra impresa y de la literatura, credulidad evidenciada al extremo en *Los detectives salvajes* y su Cesárea Tinajero, pero igualmente perceptible en los protagonistas de «Nombre falso» y *La novela de mi vida*.

Al igual que el carácter especulativo de sus conjeturas, la literatura policial suele caracterizarse por sus revelaciones sorpresivas. De hecho, se trata de uno de sus clichés más reconocibles y hasta exigidos por parte de sus lectores. No es extraño que, dependiendo del asombro producido por los descubrimientos, se justifique la valoración negativa o positiva de la obra; en consecuencia, una gran cantidad de narraciones efectistas son escritas bajo ese parámetro genérico. Dichas develaciones completan los espacios vacíos de la inculpación planteados en la diégesis, como sucede con la supuesta traición a Fernando Terry y con el fraude literario que esconde *Espejo de paciencia*. Las revelaciones, aunque son descritas de forma algo hiperbólica en las novelas que nos ocupan –y en la literatura policial en general–, en realidad suelen ser delaciones anónimas, colaboraciones interesadas o soplos, es decir, información de segunda mano.

En el código de la novela de detectives establecido por Jorge Luis Borges en «Los laberintos policiales y Chesterton», el quinto y último requerimiento, *Necesidad y maravilla en la solución*, propone que el enigma sea delimitado desde el inicio de la narración, esto es, que un solo problema central ocupe las investigaciones de la mayor parte de la trama y, por otro lado, que se llegue a una respuesta satisfactoria pero sorprendente, que maraville al lector «sin apelar a lo sobrenatural, claro está, cuyo manejo en este género de ficciones es una languidez y una felonía» (Borges 1985: 98). Pero así como la revelación final debe ser sorpresiva, el mecanismo de la novela de enigma exige que haya develaciones intermedias, descubrimientos escalonados que ratifiquen el proceso de la investigación.

En un relato policial como el que describe Borges, estos descubrimientos sirven para reforzar la *maravilla en la solución* final; en las novelas de nuestro corpus (aunque no exclusivamente en ellas), por el contrario, dichas revelaciones suelen ser de mayor importancia, de mayor sorpresa, si se quiere, que la resolución del desenlace. Recordemos que la ficción detectivesca clásica suele ser apreciada por la originalidad del planteamiento de la investigación y de su respectiva solución: no es un modelo del todo agotado, pues actualmente existe literatura policial de calidad que satisface ambas expectativas pero, por lo general, acentúa su carácter histórico, de denuncia política o de compromiso social[5]. Sin embargo, como hemos sostenido a lo largo de nuestra argumentación, los textos literarios que utilizan el registro policial no están forzados a completar los requerimientos del paradigma genérico ni interesados en cumplir la maravilla en la solución, sino, contrariamente, aprovechan esa convención para revertirla o quizá omitirla, comunicando, así, que la verdad última no siempre puede ser hallada, y que existen verdades que, sin buscarlas, trascienden por mucho las dimensiones de la investigación inicial.

El asunto de las revelaciones, o, mejor dicho, de cómo se obtienen las revelaciones, es particularmente discordante en relación con las normas de la novela policial clásica, donde el detective obtiene las respuestas por sí solo. Además de la intervención del azar, revisada en el apartado precedente, por naturaleza los protagonistas de enigmas de textos ausentes rastrean las claves

---

[5] Como la serie Wallander del sueco Henning Mankell, la serie Berlin Noir de Philip Kerr o la serie Pepe Carvalho de Manuel Vázquez Montalbán, sólo por mencionar algunos ejemplos bastante conocidos.

del misterio en *otros* textos. De esa forma, en el transcurso de su viaje por el norte de México Ulises Lima y Arturo Belano recuperan información en el *Centinela de Santa Teresa*, cuya edición del 11 de junio de 1928 reporta que el torero Pepe Avellaneda «viaja en compañía de una mujer llamada Cesárea Tinaja (sic), la cual es oriunda de la Ciudad de México. No hay fotos que ilustren la noticia, pero el periodista local dice de ella que "es alta, atractiva y discreta"» (Bolaño 2005: 571). El valor de los datos, sin embargo, no puede ser activado en tanto su veracidad no sea comprobada, es decir, hasta que no encuentren a Tinajero. Pero por lo pronto hay una pista, si bien sesgada por un apellido que no coincide del todo con el de la poeta, que aporta (o parece aportar) información acerca de ella una vez que ha dejado la capital.

El error en el apellido de Cesárea Tinajero (Tinaja) señala cómo funciona el sistema de revelaciones en el relato policial: una revelación intermedia nunca es completamente certera, pues deja un espacio para la duda tanto del investigador como del lector; los datos son fragmentarios o fragmentados y no aseguran, sugieren. La lectura de indicios, pues, se asemeja a la lectura de un texto al que le faltan o le sobran líneas, abriendo espacios de inculpación donde lector y detective practicarán su actividad interpretativa.

No obstante, una porción mucho más provechosa de la información es ofrecida por terceros –aunque dichos datos tampoco sean concluyentes–, es decir, por personajes ocasionales que no juegan un papel importante en el rompecabezas de la intriga. Estos datos recabados, introducidos casi siempre por frases del tipo «según x», «de acuerdo con», «parece que», «podría asegurar que», aunque ciertamente abonan a la recopilación de noticias, amplían el rango de incertidumbre y extienden los espacios de inculpación, sobre todo cuando su verificación resulta imposible. «Según Martina, Arlt llegaba todas las mañanas y se encerraba en el laboratorio hasta bien entrada la noche», cuenta el narrador de «Nombre falso» luego de su entrevista con Andrés Martina, antiguo casero de Arlt. Su testimonio parece completamente fuera de lugar en el contexto de la investigación. Incluso Martina parece ignorar que su inquilino es literato, pues para él, ante todo, es un inventor empecinado y con un futuro prometedor: «Yo me había entusiasmado con ese loco [dice Martina]. Era capaz de convencer a cualquiera que iba a tener éxito […] Un día le estalló un tubo de oxígeno, casi se quema vivo. Me acuerdo que se apareció en la cocina de mi casa, la cara tiznada, las cejas chamuscadas, abatido y humilde» (Piglia 2002: 101).

Los datos que ofrece sobre Arlt tienen que ver con su peculiar modo de trabajo y sus logros en la fabricación de medias, algo que exaspera visiblemente a Renzi, cuyo trato hacia el antiguo casero del escritor denota el poco interés que le suscita el tipo de información que, sin costo alguno, le facilita a domicilio. Porque Emilio Renzi, especialista en literatura argentina y editor de gran experiencia (según podemos constatar en muchas otras ficciones de Ricardo Piglia), no tiene motivos para asombrarse al saber que Roberto Arlt, por ejemplo, trabajaba «envuelto en un delantal de cuerina, fumando sin parar y hablando solo» (2002: 101) en un laboratorio improvisado en la casa de Martina, situada en Lanús, de febrero a junio de 1942. Para Renzi esta información es irrelevante en la constitución del homenaje a Roberto Arlt; no así para el lector y para el funcionamiento del efecto metaficcional.

Que Arlt vistiera de una determinada manera al intentar elaborar medias irrompibles, invento con el cual pensaba hacerse millonario algún día, es un detalle inocuo desde el punto de vista del estudioso de la obra de Roberto Arlt, pero no lo es desde la perspectiva del lector de un Roberto Arlt ficcionalizado, escritor también, personaje que interpreta el papel del autor de *Los siete locos*. Con ello entramos a la paradoja de la metaficción como uróboros, como narración autofágica, dado que no existe un asidero estable a partir del cual podamos saber en qué momento el *roleplaying* termina, pues no sólo hay paradoja en la ficcionalización de Arlt, sino en la ficcionalización del escritor Ricardo Piglia (el que firma el libro) bajo el nombre de Emilio Renzi[6], y, para aumentar el extrañamiento o para complicar la relación entre escritores reales y escritores-ficción, surge, como por descuido, la frase del narrador en la secuencia de mayor tensión, tras enterarse de que Kostia se le ha adelantado y ha hecho publicar el cuento en un periódico: «–Dígale que habló Ricardo Piglia» (2002: 153), grita por teléfono Emilio Renzi a la mujer de Kostia. Queda, imposible de resolver, el problema del juego de roles, pues ésa es la finalidad de la frase discordante emitida por el protagonista: cuestionar la convención que nos obliga a distinguir entre el narrador en primera persona y el autor empírico, anulando incluso una argumentación potencial que atribuiría, de manera simple, la autoría de «Nombre falso» a un alter ego del crítico y profesor argentino R. Piglia. Gracias a este procedimiento o artificio de la metaficción, la identidad del protagonista-detective acaba siendo tan enigmática como la del escritor sobre el cual se lleva a cabo la investigación, y, en el proceso, hemos pasado de la información trivial desde el punto de vista literario a un conocimiento más profundo (en términos del universo de ese relato específico) de los dos actores principales: el enigma, que es Arlt, y el detective, que es R.E. Piglia Renzi.

---

[6] Como es sabido, el nombre completo del autor de *Respiración artificial* y *Plata quemada* es Ricardo Emilio Piglia Renzi.

El viaje a Ítaca

En más de un sentido las revelaciones, en la literatura, surgen y forman parte de un viaje. Ya sea como fruto último de un desplazamiento –no forzosamente físico– o como componente del traslado, la revelación proviene de un cambio de perspectiva, de ambiente, de cotidianeidad, o del mero placer por la visión de lo desconocido, como nos lo recuerda Constantino Kavafis en su poema «Ítaca». La primera y tercera partes de *Los detectives salvajes*, ese texto continuo separado por la parte de las entrevistas, es el diario juvenil de Juan García Madero, un homenaje algo caricaturesco de muchos relatos sobre los ritos de iniciación como los que encontramos en la literatura de la Onda. Asimismo, el diario de García Madero se ve truncado, al menos en la disposición del libro, por el viaje, en un automóvil prestado, hacia el norte del país a fin de escapar del proxeneta que los persigue y de encontrar a Cesárea Tinajero. Si en la novela de Bolaño *2666* el viaje a Santa Teresa puede ser considerado como un acercamiento al infierno, en *Los detectives salvajes* la ciudad imaginada como trasunto de Ciudad Juárez, Chihuahua, es el último lugar donde Lima, Belano y García Madero obtienen información verídica sobre el paradero de Tinajero. En Santa Teresa, Cesárea Tinajero «vivía en un cuarto de la calle Rubén Darío, que por entonces estaba en una colonia de extrarradio y que para una mujer sola resultaba peligroso o poco recomendable» (Bolaño 2005: 594), para más tarde mudarse a un pueblo cercano, Villaviciosa, desde donde se desplazaba a los mercados de las poblaciones aledañas para vender hierbas medicinales, según los últimos testimonios recogidos.

Además del viaje interno, *intelectual*, que supone el desciframiento de los indicios en torno al misterio, otro cliché del policial es el desplazamiento físico que realiza el detective a fin de seguir el itinerario del culpable o del sujeto que busca y, de nuevo en el mismo sentido que la Ítaca de Kavafis, es el recorrido, y no el punto de destino, lo que le ofrecerá información de mayor valía, tal como lo prevé el narrador de *La novela de mi vida* con respecto a Fernando Terry, cuando éste se dispone a volver a La Habana: «si aquel viaje no le servía para encontrar la verdad sobre la vida de Heredia, quizá le fuera útil para encontrar algunas verdades de la suya» (Padura 2002: 118), circunstancia que, efectivamente, ocurre.

El tema del viaje, pues, no debe ser desechado como uno de los tópicos de las literaturas policiales, toda vez que, como hemos explicado en varios segmentos de este trabajo, la lectura de indicios y la lectura del texto suponen un *recorrido* interpretativo de señales, pistas, intuiciones. Aunque después del viaje al desierto del norte de México no sabemos más de García Madero, hemos sido testigos de sus ritos iniciáticos de tipo sexual, gremial y literario, de su primer viaje fuera de la capital y de su primera investigación. Según la cronología de su diario, en tres meses y medio ha pasado de ser un muchachito de familia a un prófugo de la justicia que ha presenciado tres asesinatos y ha establecido una relación amorosa con una prostituta varios años mayor que él. La importancia de descubrir a Cesárea, por ende, queda en último plano tras esa acumulación de experiencias.

De igual manera, luego de cuatro semanas de estancia habanera, Fernando Terry cierra el ciclo de su aprendizaje postergado por casi dos decenios; antes de volver a Madrid, sin haber hallado el manuscrito que lo llevó a su ciudad natal, «tuvo la sensación de que había pasado muchísimo más tiempo que los veintisiete días transcurridos desde su regreso». El narrador, siempre con referencia a Terry, nos vuelve a recordar «su decisión de volver para buscar la verdad perdida de la vida de Heredia y, en cambio, encontrar evidencias extraviadas de la suya propia» (Padura 2002: 307), reelaborando la frase escrita casi doscientas páginas antes, y corroborando, quizá en tono algo excesivo y didáctico, ese tópico del detective que termina por conocer más de sí mismo que del perseguido.

Pero no todas las revelaciones hechas en el discurso resultan comprobables. Y son esos espacios de inculpación que se abren ante el lector los que alargan la travesía de su interpretación. A esos obstáculos Roland Barthes los denomina, como anotamos anteriormente, «morfemas dilatorios». Uno de ellos es el *engaño*; otro, el *equívoco*.

El equívoco, según lo define el DRAE en su acepción primera, es un adjetivo: «que puede entenderse o interpretarse en varios sentidos, o dar ocasión a juicios diversos», mientras que en su tercera acepción, clasificado como una figura retórica, lo define como «figura que consiste en emplear palabras equívocas». La entrada equívoco en el *Diccionario de retórica y poética* de Helena Beristáin nos envía al término dilogía, «tropo de dicción que consiste en repetir una palabra disémica –que posee dos significados– dándole en cada una de dos posiciones, o en una misma, un significado distinto» (2006: 153), definición que evidentemente privilegia el aspecto semántico del vocablo. Sin detenernos en el detalle retórico, este carácter lingüístico del equívoco nos permite dilucidar cómo se dan y cómo funcionan este tipo de «morfemas dilatorios» en las novelas, tomando como base la información proporcionada por personajes con problemas de salud mental.

De acuerdo con Joaquín Font (quien conoce a Arturo Belano y a Ulises Lima por ser el padre de un par de amigas de éstos), un día de marzo de 1983, en el patio del psiquiátrico La Fortaleza, un paciente llamado Chucho se le acercó para darle un mensaje, «Ulises ha desaparecido» (Bolaño 2005: 360). Joaquín Font pasa nueve años internado en diferentes instituciones psiquiátricas. En ellas es entrevistado seis veces (más dos fuera de los hospitales, antes y después de ser ingresado) entre 1977 y 1985. ¿Qué credibilidad puede tener el testimonio de una persona que, según anota García Madero en su diario, «está completamente tocadiscos […]. Loco y arruinado […]. Un tipo calvo, de bigotes y con pinta de desquiciado» (Bolaño 2005: 33), incluso antes de ser atendido en el hospital? ¿Hasta dónde llega la ambición del detective-voyeur que guía la parte de las entrevistas en *Los detectives salvajes* para recoger los datos que el señor Font le ofrece?

En realidad, los parlamentos emitidos por Font tienen poco valor en su carácter de información acerca de Lima y Belano (que es el motivo de las entrevistas), si bien no dejan de ser peculiares tanto por el contenido como por la forma: «Las visitas no abundaban, sólo venía mi hija y una señora y otra muchacha que decía ser mi hija y que era bonita como pocas» (2005: 274); «Mi médico psiquiatra se llama José Manuel y a mí me parece un bonito nombre» (2005: 359), o «No estoy loco, dije yo, sólo confundido. Pero la confusión te dura desde hace mucho, dijo mi hija» (2005: 367), por ejemplo. Si el detective literario es la encarnación del poder racional, la locura, por tanto, sería su antípoda, y entre ambos el circuito de comunicación resultaría estéril o cuando menos dudoso.

En *Historia de la locura en la época clásica*, Michel Foucault apunta que «la constitución de la locura como enfermedad mental […] hace constar la existencia de un diálogo roto y hace de la separación algo adquirido; asimismo, hunde en el olvido esas palabras imperfectas, carentes de sintaxis fija, un poco balbucientes, que eran el medio merced al cual se realizaba el intercambio entre razón y locura» (1967: 8), es decir que en la etapa moderna, a la cual se refiere Foucault, al loco se le considera alguien cuyo estado de salud le impide establecer una comunicación con la gente de su entorno, puesto que ha dejado de compartir los mismos signos, los mismos códigos, la misma manera de aprehender la realidad. Por ejemplo, Quim Font dirá incongruencias en las entrevistas. No obstante, el circuito de comunicación se reactiva cuando Font relata lo que le contó Chucho: asistimos al informe de un loco a propósito del informe de otro loco. Hay, entonces, un reacomodo en la lógica del discurso racional de la literatura policial, el cual, aunque breve («Ulises ha desaparecido»), es acertado, pues Joaquín Font, en y por su locura, se anticipa a la noticia que una de sus hijas le da: «[mi hija] me contó que Ulises Lima había desaparecido. Ya lo sé, le dije. ¿Y cómo lo sabes?, dijo ella. Ah caray. Lo leí en un periódico, dije» (Bolaño 2005: 360).

Esta parodia de la clarividencia del loco romántico sirve para ilustrar la teorización hecha por Colas Duflo a propósito de la hermenéutica lúdica, concepto derivado de la estética de la recepción y del código hermenéutico. Anota Duflo: «La hermenéutica lúdica pretende restablecer la secuencia verdadera de causas y efectos que nos es dada en desorden y con elementos faltantes [...]. No se trata de una novela sobre el orden de las cosas, sino de una novela sobre el orden en el que se dicen las cosas» (1995: 128)[7]. Así pues, Joaquín Font, que desordena un mensaje desordenado, se entera antes que nadie de la desaparición del detective, *leitmotiv* de *Los detectives salvajes*, como hemos visto páginas atrás en el segmento «Inestabilidad del detective».

En «Nombre falso», las notas de Arlt encontradas por Renzi en el cuaderno mencionan, como personaje secundario de un proyecto de novela (anterior al relato «Luba»), a una mendiga de nombre María del Carmen Echavarre, a quien el protagonista de la narración, Rinaldi, obsequia un billete de cien pesos en una estación de metro. Capítulos después, según las notas, esa misma mujer se encuentra con la otra protagonista, Lisette, y le pide dinero, «Lisette la rechaza. "Me das plata, negra", dijo la vieja de perfil, con la mano tendida. "Te vas", dijo Lisette, y trató de empujarla pero la vieja la enlazó de la muñeca y se le fue encima. "Estás perdida, vos. Condenada [...]. Soy gitana yo, Reina y madre. Echavarre María del Carmen [...]. Te morías, vos. Te vas a morir retorcida. Soy la gitana"» (Piglia 2002: 112). Aunque independiente de la trama central de «Nombre falso», el esbozo de narración que Renzi lee (y presenta al lector) es una novela cuyo argumento se basa en el envenenamiento de Lisette por parte de su esposo, Lettif, ayudado por un amigo de éste, el abogado Rinaldi, con el propósito de cobrar un seguro. En efecto, tal como se lo anunció *la gitana*, Lisette muere envenenada y enferma, o al menos esa es la idea general de la historia que Arlt planeaba escribir.

Esa gitana puede ser rastreada en un personaje del cuento de Ricardo Piglia «La loca y el relato del crimen», Angélica Inés Echavarne, *la loca* del título.

---

[7] «S'il y a bien une herméneutique ludique du livre-jeu, c'est celle qui vise à rétablir la suite véritable de causes et d'effets qui nous est donnée dans le désordre et avec des éléments manquants [...]. Il ne s'agit pas tant d'un roman sur l'ordre des choses que d'un roman sur l'ordre dans lequel on parle des choses».

Gracias a ella, el personaje principal del cuento (de nuevo Emilio Renzi) logra reconstruir el asesinato de una mujer en un hotel. En dicho cuento «el único testigo del crimen era una pordiosera medio loca que decía llamarse Angélica Echevarne. Cuando la encontraron acunaba el cadáver como si fuera una muñeca y repetía una historia incomprensible» (Piglia 2004: 135). Emilio Renzi, joven periodista recién egresado de la universidad y especialista en lingüística, descodifica el mensaje oculto al interior del discurso de la loca, según el cual el asesino no es el inculpado, sino alguien que tiene protección de la policía. «Hay una serie de reglas en lingüística [dice Renzi], un código que se usa para analizar el lenguaje psicótico [...]. En un delirio el loco repite, o mejor, está obligado a repetir ciertas estructuras verbales que son fijas, como un molde» (Piglia 2004: 159).

Emilio Renzi descubre al culpable verdadero gracias a ese artilugio aprendido en la facultad; sin embargo, se le impide publicar su hallazgo en el periódico, pues contradice la versión de la policía, y lo que menos se quiere es poner en duda la capacidad de ésta. Decepcionado por la negativa de su jefe, decide redactar un cuento, ficción que se presenta como la primera parte de «La loca y el relato del crimen», a partir de ese lenguaje «psicótico», incongruente, de la loca. Renzi *lee* el mensaje como si se tratara de un discurso encriptado tras ejecutar una lectura policial, como la llama Richard Saint-Gelais, pues en el discurso de la loca Echavarne, como en el de las literaturas policiales, «el sentido (circunstancias del asesinato, móviles reales de los personajes, significación de tal gesto o tal palabra) pocas veces es ofrecido: es necesario construirlo; si es dado, dicho sentido tiende a ser interpretado como una pantalla que disimula un sentido distinto; [y tal] discontinuidad de la narración solicita ya no una lectura lineal sino translineal» (Saint-Gelais 1997: 793)[8], mismo sistema empleado por Renzi en el cuento (esa «serie de reglas en lingüística» que aprendió en la universidad).

¿Por qué recurrir al discurso de la locura, y a la figura del loco, para restablecer un mensaje[9]? Tanto en la pareja de Chucho y Font como en la formada por Echavarne y Renzi se ve reflejada la relación que existe entre el

---

[8] «Le sens (circonstances du meurtre, mobiles réels des personnages, signification de tel geste ou tel parole) est moins souvent donné qu'à construire ; donné, le sens tend à être lu comme un écran dissimulant un autre sens [...] la discontinuité de la narration appelle une lecture non plus linéaire mais translinéaire».

[9] Cabe recordar al detective ficcional sin nombre creado por Eduardo Mendoza. Dicho personaje innominado, protagonista de varias novelas, tiene como principal virtud su perspicacia contraria al racionalismo: es un recluso del manicomio y, sólo cuando la policía lo solicita, es

detective y el enigma: en un primer momento el total sinsentido obstruye el entendimiento del espectador-escucha, no puede establecerse un vínculo que permita intercambiar información, porque no se comparten los mismos códigos; posteriormente, tras un filtrado de la información en apariencia incongruente, se logra descifrar el mensaje. En las literaturas policiales, como sabemos, se explota el recurso de la revelación sorpresiva, pero para que ésta funcione se debe comprobar que la respuesta siempre permaneció latente y oculta en el discurso (evitar la traición al *fair play*). Ello nos comunica, en consonancia con sus raíces positivistas, incluso en las obras más recientes como las novelas que aquí tratamos, que la verdad está ahí desde el inicio, al interior del universo ficcional, sólo hay que aprender a reconocerla. Y que, además, no cualquiera puede conseguirlo. Renzi, como los detectives clásicos, puede sorprendernos de un cuento a otro, pues además de ser experto en Arlt, también lo es en cuestiones lingüísticas. La versatilidad de conocimientos del detective es, sin duda, una de las características más reconocibles de estos personajes de ficción, y aun cuando se corra el riesgo de hacerlos inverosímiles, el pacto de la lectura y las expectativas genéricas obligan a aceptar el saber enciclopédico del protagonista, o mejor, del héroe que se desplaza intelectual y físicamente para hallar indicios y darles una interpretación. Por ello Fernando Terry se ve obligado, como Ulises, a regresar a su patria luego de un exilio prolongado. Su recorrido, sin embargo, no puede medirse en kilómetros, sino en la acumulación de dudas y en los conflictos no resueltos en su pasado habanero. La vuelta a su Ítaca personal no le provee el hallazgo del manuscrito herediano (como exigiría una narración policial de fórmula); sin embargo, no termina decepcionado, pues cae en cuenta de que su vuelta lo ha retribuido con la aclaración del motivo por el que fue destituido de la Facultad de Letras a finales de los setenta y, sobre todo, de tener la certeza de que ninguno de sus amigos lo traicionó.

Héroes y traidores

En el recorrido de la ignorancia hacia el conocimiento la duda sistemática del detective refleja su pertinencia cuando, gracias a ella, descubre un engaño. En efecto, el tema de la trampa y de la traición en la novela policial adquiere

---

liberado por el tiempo que dure la investigación (*El misterio de la cripta embrujada*, *El laberinto de las aceitunas*, *La aventura del tocador de señoras*).

una dimensión similar a la del personaje del sospechoso, pues, aunque casi siempre de forma circunstancial, contribuye a ocultar la verdad.

Al mismo tiempo que se pretende el desatino del investigador mediante el engaño, se busca que el lector tropiece con pistas triviales o falsas (y viceversa: una pista verídica puede provenir del parlamento de un loco). El ritmo de la certidumbre se ve afectado por la trampa, que sugiere una probable falibilidad del protagonista. No obstante, sucede lo opuesto: la trampa sirve para corroborar las capacidades del detective de ficción. Al observar el poema «Sión», Lima y Belano afirman que se trata de una broma, una broma que esconde algo muy serio. Ese engaño, al parecer, fue tendido por Cesárea Tinajero desde la primera mitad del siglo XX en una revista desconocida, *Caborca*, cuyo único número (y tal vez único ejemplar) Belano y Lima apenas acaban de ver. Pero desde la perspectiva de lectores de metaficciones policiales cabe preguntarse si el engaño no está en la figura de Tinajero, o sea, que Cesárea Tinajero *es* la broma para el detective lector, esa poeta olvidada y sin obra, de difícil credibilidad, como estima uno de los entrevistados, Luis Sebastián Rosado, cuando refiere que la poeta «probablemente había sido un invento de Lima y Belano para justificar el viaje a Sonora» (Bolaño 2005: 351). Tal vez Cesárea Tinajero esconda, también, algo muy serio, como los veinte años de viaje alrededor del mundo realizado por dos escritores latinoamericanos, o quizá un último gran homenaje a las vanguardias literarias de América Latina.

Si aceptamos las hipótesis de Cesárea Tinajero como trampa al lector (no a los personajes de la novela) podremos entender por qué la pesquisa de los textos ausentes es únicamente la excusa para efectuar una búsqueda de distintos alcances, no sólo literarios, monetarios o profesionales (como es el caso de Renzi), sino en términos personales, «existenciales», del detective.

En este sentido, hemos observado que al final de *La novela de mi vida* Fernando Terry descubre, contra su propia convicción, que su exilio forzado es consecuencia de un artilugio de la policía del Estado cubano y no de la traición de alguno de sus amigos («Para mí [le advierte la profesora Santori] fue una trampa que te pusieron. Cuando fui a ver a la gente de Seguridad que atendían la universidad, ellos me dijeron que tú mismo te habías acusado...») (Padura 2002: 279), a diferencia de lo que sucede a José María Heredia, quien sí es víctima de una confabulación encabezada por su amigo Domingo del Monte. Ambos personajes salen de la isla por motivos políticos aunque en épocas diferentes; no obstante, las razones de la expatriación de uno y otro muestran un distingo fundamental: al contemporáneo no son sus amistades quienes lo traicionan, pues el vínculo entre ellos es una relación «verdadera», de hombres y mujeres educados en y por la revolución cubana, sino, paradójicamente, es traicionado por la dinámica ya corrompida de las instituciones forjadas desde la revolución de 1959.

Como en otras novelas de Padura, en específico las protagonizadas por el teniente Mario Conde, la crítica a los programas políticos no se centra en el individuo que cree (o creyó) en los logros revolucionarios, sino en el intento fallido por consumar el proyecto del hombre nuevo guevariano, lo cual se ve reflejado en el comportamiento autoritario de ciertos «cuadros» que tienen acceso al ejercicio del poder, por mínimo que éste sea. Allí, tímidamente, se entrevé el engaño –o mejor, desilusión– sufrido por la generación de Fernando Terry, ese engaño ilustrado por la burda trampa tendida por el policía Ramón al interrogarlo en la facultad. Heredera del modelo clásico del policial, y de su carácter ético y sancionador, la trama de *La novela de mi vida* impone el castigo merecido al personaje del policía corrupto, el culpable indirecto de las desventuras de Terry, pero no el único ni el más importante; a final de cuentas, no es que haya fallado nada más un individuo, sino todo el sistema en su conjunto. Por ello Ramón pierde su empleo como policía «en el 89 [por] un lío con unas obras de arte… No me probaron nada, pero me soplaron, y estuve viviendo de lo que aparecía» (Padura 2002: 320), de la misma manera en que a Terry le fue arrebatado su puesto como profesor de la Facultad de Letras.

La traición y el engaño están presentes en la totalidad de «Nombre falso», en su contenido y en su forma. Primero, porque en su nivel diegético se cuenta la estafa de Kostia a Renzi una vez que éste le ha comprado el inédito de Arlt. Segundo, porque el cuento titulado «Luba» (segunda parte de la *nouvelle*), atribuido a Arlt en la ficción, es, en realidad, un cuento de Andreyev, sólo modificado en el desenlace. ¿A quién intenta engañar el narrador al hacer pasar ese cuento por un inédito de Roberto Arlt? ¿Repite con el lector lo que hizo Kostia con él? Por otro lado, en el nivel de la realidad práctica, aunque aceptemos que Piglia juegue con la metaficción y plagie a nombre de Arlt y de Kostia un cuento del escritor ruso, ¿no estaría plagiando al traductor del cuento, cuya versión aparece intacta y sin crédito?

En el artículo titulado «Metaplagiarism and the Critic's Role as Detective: Ricardo Piglia's Reinvention of Roberto Arlt», Ellen McCracken (1991: 1071-1082) denomina *metaplagio* a la estrategia utilizada por el autor para poner a prueba al lector. Dicha prueba consiste en haber tomado un texto ajeno y hacerlo pasar por el de alguien más (si se hiciera pasar por propio, sería, entonces, plagio). McCracken insiste en que el texto se dirige a un público especial al cual llama, como si con ello dejara algo en claro, «lector posmoderno»: «El lector posmoderno debe identificar pacientemente la amplia red de pistas para después extrapolarlas y con ello tener acceso a las muchas corrientes filosóficas que subyacen en el empleo de la parodia y del metaplagio en Piglia» (1991: 1080)[10]. En efecto, la *nouvelle* exige una lectura muy cuidadosa si se quiere *descubrir* su trasfondo, un acercamiento detenido que descifre las pistas dejadas en el transcurso de las páginas; no obstante, el relato puede leerse incluso sin sospechar el denominado metaplagio, siguiendo únicamente la diégesis primaria, compleja por sí sola.

Es evidente que el trabajo de McCracken aboga por una especie de *inocencia* de Piglia frente a la posible acusación de plagio, al mismo tiempo que, como resultado de su reflexión sobre la estrategia del escritor, le otorga a éste el grado mucho más elevado de metaplagiario, pues el autor no quiere engañar al lector, sino poner a prueba el «vanguardismo» de sus competencias lectoras, en una suerte de paternalismo un tanto fuera de época (el de McCraken), además de un cierto coqueteo con la falacia intencional que se deriva de las múltiples citas a entrevistas ofrecidas por Ricardo Piglia a lo largo de los años y a propósito de su obra literaria en general, no sólo de «Nombre falso».

El comentario de McCraken sobre el tema del engaño es, sin duda, de mucho mayor interés. En un intento por fijar el metaplagio entre la terminología académica, la autora le atribuye a esta estrategia pigliana la capacidad de cuestionar la noción de la literatura como propiedad privada. De acuerdo con ello, «Nombre falso» nos presenta la falsificación de una falsificación de otra falsificación (de ahí el *meta-*): Kostia se adjudica un relato que no es suyo, Arlt dice que es de su autoría (pero quizá sólo copió en su cuaderno un cuento de Andreyev), y Ricardo Piglia, vía Emilio Renzi, da a entender que es de Arlt. La pregunta que se hace Renzi al final del texto y que resuelve es por qué Kostia hizo publicar el cuento bajo su nombre. Quizá para ganar el crédito del cuento, claro, pero por qué no haberlo hecho durante todos los años en que los papeles estuvieron en su poder y esperar hasta que alguien quisiera comprárselos.

Otra opción sería considerar su respeto por Arlt: conocedor de que se trata del plagio de un cuento ruso, decide publicarlo bajo su nombre antes de que se dé a conocer como un inédito de Arlt y se exponga, de manera bastante grave,

---

[10] «The postmodernist reader must patiently identify the vast network of clues and then extrapolate from it to come to grips with the larger philosophical currents that underlie Piglia's use of parody and metaplagiarism».

el nombre de su amigo. Finalmente, consideramos que la respuesta de quién engañó y por qué razón quedará suspendida, incierta. Tal vez, como quiere McCraken, se trata de una proeza literaria en la cual Piglia demuestra que, «incluso después de años de relacionarse con textos modernos y posmodernos, los lectores pueden no descubrir la intertextualidad, leyendo, en cierta medida, monológicamente» (1991: 1072)[11], pero más allá de sancionar la calidad de una lectura u otra, creemos que la fortuna del texto radica justamente en la transmisión de la persistente duda del detective ficcional hacia el lector, esto es, que la interrogante acerca del engaño se transfiera, se contagie, del universo ficticio al empírico, lográndose, con ello, el efecto básico de la metaficción. En cualquier caso, nosotros nos quedamos con la duda de cómo se justificaría la utilización que el autor empírico Ricardo Piglia hace de «Las tinieblas», no ya del cuento de Andreyev cuyos derechos de reproducción pertenecen actualmente al dominio público según la legislación internacional, sino de la versión en español transcrita, frase por frase, de la traducción hecha por Nicolás Tasin.

Persecución y huída

Así como las revelaciones pueden ser el resultado de un viaje, es interesante recordar que toda narración de detectives relata una persecución de la verdad escondida detrás de la incógnita, es decir, un desplazamiento simbólico hacia la verdad. El proceso de detección narra ese seguimiento, el cual finaliza una vez que se confirma alguna de las hipótesis; entretanto, la persecución oscila entre distintos grados de tensión, y los obstáculos no previstos someten a prueba al personaje del detective, aunque atañan igualmente al lector. Lima, Belano y García Madero persiguen los rastros de Tinajero, y a ellos los persigue el proxeneta Alberto; Terry indaga sobre los aspectos desconocidos de J. M. Heredia, y a él lo persigue la incertidumbre de su pasado; Renzi invierte sus esfuerzos en desentrañar el misterio que hay en el cuento «Luba», y para ello acosa a Kostia para que le venda el texto; finalmente, dentro del mismo esquema *perseguir-huir* de las narraciones policiales, y en consonancia con la

---

[11] «[E]ven after years of working with modernist and postmodernist texts, they may not discover the intertextuality, reading to a certain degree monologically». Efectivamente, McCraken se atribuye el descubrimiento del cuento «escondido» de Andreyev en «Nombre falso».

dicotomía *ceguera-observación* que hemos referido páginas atrás en este trabajo, el lector puede compartir la focalización del detective (saber lo mismo que él) o incluso colocarse en un nivel de visibilidad mayor (saber más que el detective) en una *mise en abyme* de la persecución novelesca. Por lo menos, así es como suele manejarse la focalización en el registro policial a fin de que el dramatismo crezca conforme el detective va dilucidando el caso.

De acuerdo con Raphaël Baroni, «la tensión es el fenómeno que surge cuando al intérprete de un discurso se le incita a esperar un desenlace, espera que se caracteriza por una anticipación matizada por la incertidumbre, la cual confiere rasgos pasionales al acto de recepción» (2007: 18)[12]. La espectacular evasión por parte de los poetas real visceralistas de la casa de la familia Font, en el Año Nuevo de 1976, marca el inicio de las persecuciones en la trama de *Los detectives salvajes*. Esa noche comienza la persecución de Alberto, y simultáneamente, su viaje hacia el norte de México en busca de Tinajero, pero también el sondeo de las huellas que Lima y Belano van dejando en diferentes ciudades del mundo, una persecución que dura veinte años hasta la desaparición de ambos, hasta la extinción de los testimonios recientes sobre ellos. *Adónde van* y *para qué* son las preguntas que estimulan la intriga y hacen progresar la trama, aumentando la tensión narrativa; espectador indirecto de las aventuras de los detectives salvajes, al lector le interesa saber hacia dónde se dirigen y con qué fin, una vez que han localizado a Cesárea Tinajero y de paso le han provocado la muerte por una bala perdida. Y así la trama de esta novela, que también puede entenderse como un libro de viajes, va provocando la curiosidad acerca de la parada última y quizá definitiva en el periplo internacional de los personajes principales.

Las señales de incertidumbre, aunque frecuentemente dosificadas en distintas secuencias de las historias, pueden llegar a condensarse en unas cuantas líneas; para ejemplificarlo tomamos la siguiente frase de *La novela de mi vida*, en la que se insinúa la escasa probabilidad de que el texto buscado por Terry sea justo lo que él imagina: «Primero, Heredia era poeta, no novelista; segundo, era un poco mitómano, como buen poeta; y para rematar, no hay ninguna afirmación suya, textual y comprobable, donde se refiera a algo que se supone escribió poco antes de morir… Y si era una simple novela, ¿por qué tanto misterio?» (Padura 2002: 53). La argumentación casi silogística tiene todo el propósito

---

[12] «La tension est le phénomène qui survient lorsque l'interprète d'un récit est encouragé à attendre un dénouement, cette attente étant caractérisée par une anticipation teintée d'incertitude qui confère des traits passionnels à l'acte de réception».

de descalificar, o cuando menos desmotivar, *la investigación* de Terry. Subrayo la investigación porque, en efecto, apela a la inconsistencia de datos acerca del manuscrito (de existencia siempre conjetural para ese círculo de personajes) y sobre su valía. No obstante, esa misma argumentación está dirigida, con igual intencionalidad, a la más reciente decisión de Fernando Terry, es decir, volver a Cuba, de tal forma que el «reto», el obstáculo por vencer, que primordialmente está en el hallazgo del texto herediano, se vuelve un cuestionamiento sobre la pertinencia de la exploración de su pasado personal. Por eso antes de arribar a las dos verdades fundamentales de la trama de *La novela de mi vida* (el mensaje que comunica el manuscrito y el origen de una traición durante el quinquenio gris), Terry ha de sortear sus dudas y derribar las certezas primeras, develando con ello dilemas hasta entonces imprevistos.

Cuando leemos frases como «Heredia debió saber muchas cosas que después se fueron olvidando, o peor, escondiendo. Secretos que podían cambiar la vida de más de una persona, o podían cambiar hasta algunas verdades de la historia de este país» (Padura 2002: 257), de forma automática se abre un expectativa acerca de esas verdades ocultas, más aún al tratarse de la historia oficial de una nación. Se maneja, así, la promesa de presentar una versión alterna de la historia patria, recurso bastante frecuente y efectivo en la novela histórica. En *La novela de mi vida* la expectativa se cumple para el lector y para el detective, pues se revelan «verdades» que modifican la interpretación de la historia oficial de un país y de una literatura nacional; la vacilación entre uno y otro obstáculo se ve recompensada por un desenlace sorpresivo y contundente, y, por lo mismo, ciertamente complaciente con el lector de novela policial, sobre todo aquel que conoce la obra anterior de Padura: sin finales abiertos, descubridora de realidades crudas, con personajes principales complejos y atormentados por un pasado que, sintomáticamente, comparten con toda la generación de cubanos nacidos pocos años antes de la revolución.

Dado que toda narración detectivesca está sembrada de obstáculos, engaños y falsas pistas, la lectura policial, más que una exigencia de parte de la obra, es una postura frente al texto. A manera de ejercicio podemos incluso analizar buena parte de la literatura como si fuera una obra policial, aun sin que se vincule de manera alguna con el género o el registro, y muchas veces funcionaría, pues los aspectos de la tensión narrativa, de la construcción de la trama y del esquema *perseguir-huir* no son, por ningún motivo, exclusivos de las literaturas policiales. No obstante, hay que tener presente que existe el riesgo de caer en un relativismo genérico, donde, entonces, *todo* es susceptible de interpretarse como si fuera policial, como si fuera metaficción, como si fuera posmoderno.

A partir del principio de la duda como método de lectura y de la analogía entre el recorrido interpretativo del lector y el recorrido de la detección, el presente segmento se ha dedicado a responder *cómo* se leen las tres obras a partir de las nociones teóricas y críticas sobre literatura policial y sobre metaficción estudiadas en el primer capítulo. En el segmento subsiguiente, «El código de los textos ausentes», nos abocaremos a reflexionar sobre *qué* se lee –qué puede leerse– en esas tres novelas.

El código de los textos ausentes

> Arrivés à l'endroit où ils nous conduisaient, les Espagnols commencèrent à nous dépouiller de nos effets. Je ne demandai à conserver qu'un seul objet qui ne pouvait leur être utile, c'était le livre que j'avais trouvé.
>
> Jean Potocki, *Manuscrit trouvé à Saragosse*

«¿Qué hay detrás de la ventana?» es la pregunta que el diario de Juan García Madero deja sin respuesta al final de *Los detectives salvajes*. Se trata de la última frase de la novela, escrita en la entrada del 15 de febrero de 1976. ¿Qué hay detrás de los textos perdidos, ausentes, robados? Si en este ensayo se ha argumentado que la búsqueda de un texto –en la variante detectivesca a la cual está dedicada la presente reflexión: los enigmas de textos ausentes– equivale a la búsqueda de respuestas en torno a un crimen en las novelas de género policial clásico, ¿qué se logra con el descubrimiento de esos textos?

Este segmento estará destinado a proponer un desciframiento, en distintos niveles, de los objetos del enigma en las novelas que integran el corpus, esto es, los mensajes y las historias escondidas al interior de la obra literaria que mueve la pesquisa. A partir de ello se reflexionará, en un primer momento, acerca del valor y significado de la literatura que se desprenden de las estrategias metaficcionales incluidas en las narraciones, para luego dar paso a las versiones del pasado que se dan cuenta en las tres obras y, finalmente, destacaremos el tratamiento de los distintos escenarios políticos que llegan a afectar la evolución de las diégesis.

Significado de la literatura

En el subcapítulo dedicado a la metaficción se observó que uno de los procedimientos discursivos de la narrativa autoconsciente es el *metacomentario*, que entenderemos aquí como la asimilación del discurso argumentativo dentro del discurso narrativo con la finalidad de ejercer la crítica y teorizar acerca de las innumerables facetas del fenómeno literario.

Dentro de estas reflexiones incluidas en los textos del corpus existen declaraciones sobre cómo se concibe la literatura y, en ocasiones, específicamente la ficción policial. Emilio Renzi, al «sentirse como el detective de una novela policial que llega al final de su investigación» luego de descubrir el supuesto relato inédito de Arlt, resume buena parte del asunto tratado en «Nombre falso» mediante un juicio a propósito del enredo producido por el hallazgo de «Luba», donde, «como en toda buena novela policial, lo que está en juego no es la ley, sino el dinero (o mejor: la ley del dinero)». (Piglia 2002: 145, nota al pie)

Desde luego, no significa que debamos compartir la opinión del narrador sobre el tema del dinero como sujeto principal de *toda buena novela policial* (que es sencillamente rebatible dado que se trata de una generalización), sino que, como consecuencia de esa frase, el tema del dinero se habrá de considerar como uno de los de mayor jerarquía en la *nouvelle*. A fin de cuentas, Renzi *compra* el manuscrito y efectúa una transacción monetaria por unos papeles cuyo valor documental, para él, es de enorme importancia, por lo cual debe asignarle un monto determinado y pagarlo.

Kostia, así, se aprovecha de la ambición de Renzi y le propone una tarifa que sobrepasa las primeras ofertas del comprador, quien, sin ninguna posibilidad de reclamo, termina por aceptar. Inclusive se hace referencia directa a la trata de personas como un negocio comparable al que están llevando a cabo («Hagamos de cuenta que yo le vendo a una mujer [plantea Kostia], hagamos de cuenta que yo soy un cafishio y usted otro. ¿Eh? Hablemos de plata y no de sentimientos») (Piglia 2002: 147); sin embargo, una analogía más sutil se halla en la anécdota del codiciado y problemático relato que es el objeto de la búsqueda, pues la acción narrada se desarrolla, de principio a fin, en una «casa de lenocinio» donde un anarquista prófugo, que se hace pasar por cliente, filosofa con una prostituta de nombre Luba acerca del comercio carnal. Volviendo a la transacción del cuento a cambio de dinero, Saúl Kostia advierte a Renzi: «Se los voy a dar porque usted me va a dar plata, usted quiere usar ese relato para hacer méritos, y para decir cuatro o cinco gansadas sobre Arlt» (Piglia 2002: 147), estableciendo de manera concisa las reglas, o mejor, «la ley del dinero» que operará en esa fugaz relación entre el amigo del célebre escritor y el crítico literario, entre alguien que vende un manuscrito de menor valor al que se le ha fijado (puesto que es un plagio, o quizá una transcripción hológrafa, hecha por Arlt, de «Las tinieblas» de Andreyev) y un incauto que cae en la artimaña.

Más que el valor económico del documento ausente, el precio que se paga (en esfuerzo, en negociaciones, en dinero) está vinculado con la epistemofilia del detective. En realidad, la inversión realizada por el investigador responde a su necesidad por conocer los textos perdidos, por el *descubrimiento* de éstos; es decir, por ser el primero en intentar descifrarlos. Puede que, como para Renzi, sirvan de plataforma para «hacer méritos» que certifiquen su especialización en un determinado autor, pero sobre todo, de la misma manera que sucede con el detective de la ficción policial clásica, para adjudicarse el título de haber sido el primero en descubrir y presentar los documentos. He ahí donde radica la satisfacción última del investigador epistemofílico, misma que corona todo el proceso de investigación, igualmente placentero.

«Hasta que yo me interesé, ninguno se preocupó por investigar si tenía valor» (Piglia 2002: 102), afirma Emilio Renzi a propósito del cuaderno que le lleva Andrés Martina, excasero de Arlt: es Renzi, entonces, el único en haber vislumbrado la pista de un cuento inédito del autor de *Los siete locos*, y del cual, naturalmente, conoce hasta el título. Pero tal es la impaciencia y deseo de hallar el manuscrito arltiano que, por muy experto que sea en Arlt, no puede darse cuenta de que está siendo timado, y, en la emoción, exclama mientras lo lee por primera vez: «Viajé por la ciudad como alucinado: revisaba las páginas, leía párrafos al azar. "Es un texto de Arlt", pensaba. "Un inédito". Retardaba el momento de sentarme a leerlo, temía que fuera a desencantarme, atrapado por un extraño sentimiento de posesión, como si ese texto fuera mío y yo lo hubiera escrito» (Piglia 2002: 148). Ya sabemos que finalmente no podrá publicarlo como inédito de Arlt, pero sí hacer la bitácora de su pesquisa e incluirla en un volumen de cuentos. La exposición de esa autoconsciencia sobre lo que Renzi está escribiendo se declara en el íncipit de la *nouvelle*: «Esto que escribo es un informe o mejor un resumen: está en juego la propiedad de un texto de Roberto Arlt [...]. El texto se llamaba Luba» (Piglia 2002: 97).

De nuevo, al igual que en la cita anterior, aparece como tema central la propiedad, la importancia de la autoría *real* de un texto, análogo a la identificación del criminal en la novela policial. Es imprescindible asignar una autoría a «Luba», y de preferencia, para Renzi, que esa autoría corresponda a Arlt, por eso se fuerza a convencerse de que este último lo escribió. Decepcionado, no le queda más remedio que redactar su «informe», pero sin aclarar a quién pertenece el relato. De suerte que el cuento atribuido a Arlt se vuelve un problema complejo al estar inserto en un libro de cuentos de otro autor, un problema que obliga al lector a cuestionarse acerca de la importancia (o intrascendencia) de *nombrar* al autor de un texto hallado, más aún cuando el valor literario, el valor del descubrimiento, depende de que dicha atribución pueda lograrse. Porque, si «Luba» no es de Arlt, ¿entonces vale poco? Si resulta que es de Kostia, ¿no vale nada? (además, está incompleto). ¿Y si no es de ninguno de los dos, ni siquiera de Piglia?

Esas tres preguntas se alternan durante la lectura, y el desenlace no es conclusivo sobre alguna de ellas. El narrador insiste en mantener su discurso en una zona de incertidumbre, y lo hace recurriendo a la dramatización explícita del proceso y de su decisión de escribir ese supuesto informe sobre su descubrimiento. Utilizando ese procedimiento narrativo que contribuye al efecto metaficcional, Renzi se justifica en una de las múltiples notas a pie de página: «el hecho de que el cuento de Arlt se lea en el interior de un libro de relatos que aparece con mi nombre […] demuestra –ya se verá– que de algún modo he sido sometido a la misma prueba que Max Brod» (Piglia 2002: 144, nota al pie).

El anhelo por llegar primero a la revelación no se ve restringido por el casi total desconocimiento del autor. Simplemente se busca lo raro, lo inédito, lo misterioso de ese texto abandonado. Ninguno de los detectives salvajes ha leído la obra de Cesárea Tinajero, pero quieren antologarla por la sola razón de que su nombre les ha sido mencionado por algunos miembros del grupo estridentista. Más aún: la designan como la fundadora honoraria del real visceralismo con base en referencias ambiguas. El valor de los manuscritos perdidos, en este tipo de casos, no se consuma luego de la verificación efectiva de la autoría de un texto encontrado (cuando la autoría recae en un escritor ilustre), sino, más sencilla y extrañamente, en encontrar *algo* que permita comprobar la grandeza de un autor cuya obra está perdida. La obra, en sentido estricto, existirá hasta que Belano y Lima logren encontrar alguna publicación de Tinajero, pero la fama de la poeta, por el contrario, es tan auténtica que tiene repercusiones sobre las experiencias vitales de los real visceralistas.

Como todo movimiento artístico de vanguardia, el realismo visceral quiere desmarcarse de la tradición inmediata anterior. Por ello bromean con secuestrar a Octavio Paz («nuestro gran enemigo», escribe García Madero). La estética del movimiento, esbozada en *Los detectives salvajes*, como la del infrarrealismo al cual perteneció Roberto Bolaño en la década de los setenta, además de vincularse con el dadaísmo y la «poesía eléctrica» (movimiento poético francés, de índole marginal, cuyo *Manifeste électrique* fue publicado en 1970), recupera algunos aspectos del estridentismo, grupo del cual Tinajero formó parte antes de crear, presuntamente, su propio movimiento poético de real visceralistas, «por allá de 1924».

El realismo visceral de Lima y Belano sigue la dialéctica de la ruptura. El valor de la literatura, y concretamente de la poesía, para ellos, no se concentra en la fortuna mediática de sus textos, ni en la innovación en el lenguaje, ni en la comunicación exitosa de una sensibilidad individual, sino en el simple hecho de experimentar el goce de sus vivencias como poetas. Escudados en una de las premisas románticas, poco importa que no escriban poesía o que la escriban pésimo; ellos se asumen como poetas porque viven como tales. Viajan, leen, se drogan. Su búsqueda se conduce por vericuetos ajenos a lo que en la actualidad llamamos lo *mainstream*, es decir, pretenden moverse fuera de lo institucional, de lo organizado conforme a los preceptos del corporativismo. Cesárea Tinajero, pues, resulta una especie de gurú a quien debe retribuirse y visitarse, sobre todo cuando la poca fama literaria que llegó a tener se ha desvanecido. La aventura de los detectives salvajes en el norte de México se trata, de hecho, de un intento fallido por efectuar un rescate literario dentro y fuera de los archivos que preservan la memoria, colocar a la poeta de nuevo, si no en los estantes de las librerías, al menos al alcance de algunos cuantos lectores interesados. Porque, como dicen Lima y Belano, aunque «todos [los estridentistas] la recuerdan [...] con mayor o menor claridad, nadie tiene textos suyos para que los incluyamos en nuestro trabajo». (Bolaño 2005: 163)

Como vimos en el apartado anterior, es en la lectura donde el significado de los textos y las revelaciones se concretan, lo que equivale a hallar los indicios del misterio en la novela de género policial. A partir de ahí, el investigador obtendrá sus hipótesis sobre el enigma. «¿Qué documento valioso puede ser?» (Padura 2002: 17), se preguntan Fernando Terry y sus compañeros, al inicio de *La novela de mi vida*, acerca del manuscrito de José María Heredia, documento que, años antes, fuera destruido por uno de los descendientes bastardos del poeta cubano, quien creía pertenecer, como su nombre lo indicaba, a la estirpe de Domingo del Monte (su supuesto tatarabuelo).

Para este último dueño del manuscrito se trata de una revelación personal, pues el escrito de José María Heredia le señala que su origen es distinto al que sus padres le habían atribuido; por ello, «[c]uando Domingo Vélez de la Riva volteó la última página, sintió un odio infinito por su origen, por su familia, por el país donde habían ocurrido aquellos sucesos pero sobre todo por su nombre» (Padura 2002: 325). Terminadas de leer, las memorias de Heredia se vuelven un documento peligrosísimo para sus aspiraciones políticas, y todo producto del contrato social y moral de la época y del país, donde los «hijos naturales», o los hijos de éstos, se ven incapacitados, al menos socialmente, para desempeñar puestos gubernamentales. En consecuencia, debe invertir una fuerte cantidad de dinero para adquirir dichos papeles, en los cuales no aprecia su valor literario, sino su valor testimonial a propósito de su ascendencia. «Domingo Vélez de la Riva y del Monte», poseedor de aquellas páginas indiscretas, «fue arrojándolas al fuego [...] como si no le hubieran costado más de cuatro mil dólares cada una: todo para que la historia durmiera en paz, otra vez arreglada por la voluntad y los dineros de un Domingo más» (Padura 2002: 326), con la esperanza de que, al eliminar aquella información, el pasado de su familia, y principalmente el suyo, quede libre de todo prejuicio social. Aun así, nos adelanta el narrador de la novela, su candidatura a la presidencia de Cuba fracasó meses después.

Acorde con la concepción romántica de la literatura que envuelve la novela policial de Padura, donde suele haber villanos y héroes (nunca en sentido maniqueo, pero villanos y héroes a fin de cuentas), los «Domingos del Monte» tendrían una especie de vocación o sino por la traición y el egocentrismo, antagónicos a la voluntad libertadora y reveladora de los protagonistas (Heredia y Terry); por ello, los primeros destruyen los manuscritos sin que les importe su valor literario o documental, mientras que los segundos los escriben e intentan rescatarlos del olvido. El plano ético de la perspectiva del narrador resulta favorable a la del héroe y, en consecuencia, contraria a la del villano. Por ello afirmamos que *La novela de mi vida*, como otras novelas precedentes de Leonardo Padura, tiene resonancias de una heroicidad moderna característica del género policial. Por ejemplo, en el momento en que Vélez de la Riva compra el manuscrito, el narrador recalca que en esos papeles, «donde si bien se desvelaba el origen bastardo de media familia Junco, también salían a flote algunas historias muy poco amables de su tatarabuelo Domingo del Monte, el patriarca familiar de quien tanto se enorgullecía aquél imbécil con ínfulas de presidente» (Padura 2002: 284), lo cual deja muy mal parado ante la historia tanto al primer Domingo del Monte como a su falso tataranieto, Domingo Vélez, en un intento por desagraviar la memoria de José María Heredia, un intento sólo atribuible al narrador.

En efecto, *La novela de mi vida* se presenta como una manera de comprender la vida de Heredia y de situarlo entre los más importantes literatos cubanos. Como puede verse en la cita precedente, el narrador, antes que los personajes de la novela, tiende a descalificar a los adversarios políticos del poeta, así como a quienes promovieron mediante el acoso policiaco el exilio de Fernando Terry a finales del siglo xx. Una vez más, no se trata de una falencia en la trama ni un abuso del maniqueísmo, sino una señal de que la obra de Padura, en el aspecto ético como en muchos otros, se halla anclada a las pautas del relato detectivesco moderno donde después del caos debe venir el orden, o sea, el enjuiciamiento a los malhechores, aunque sea por vía de la ficción, sobresistematizando a conveniencia el patrón de culpabilidad e inocencia en personajes equivalentes, pese a los siglos de distancia que hay entre ellos.

Dinero y literatura

Además de ese valor *familiar*, de linaje, que se encuentra en la destrucción del manuscrito herediano, *La novela de mi vida* descubre otro aspecto ético importante alrededor de la literatura, entre el valor (y la valuación) de la literatura –el dinero que se paga por destruir el manuscrito–.

El dilema del investigador gira en torno a cómo asignar un precio a la obra literaria. Es en ese peritaje del precio de los textos donde está el centro de la noción ética del valor de la literatura. Los libros se compran, se revenden, son robados. Son, también, moneda de cambio no sólo por su valor patrimonial sino por la identidad de su fabricante, es decir, de aquel que lo firma y cuyo nombre aparece en la portada. En las tres novelas hay personajes de una integridad intelectual que los hace desechar toda venalidad o comercio con referencia al trabajo literario; los hay, igualmente, quienes estiman que se trata de un oficio o profesión como cualquier otro, que no tiene por qué considerarse mejor o peor y por lo tanto permiten y promueven un intercambio de dinero por producción artística, y esa es, de la misma manera, una postura ética válida. Hay, por último, una postura que se sale de esa lógica, la postura del plagiario. Estas tres formas de encarar éticamente el texto ausente son tratadas en las novelas del corpus.

El padre Félix Varela, político y mentor de varias generaciones de universitarios cubanos de la primera mitad del siglo xix, al recibir a José María Heredia para comentarle sus poemas, le da un consejo mezclado con vaticinios: «[N]unca permita que su poesía se prostituya. Prostitúyase usted mismo si tiene que hacerlo para vivir, porque la vida es un don que Dios nos da y debemos conservarla al precio que sea. Pero la poesía es un milagro, y usted ha sido elegido por la providencia para crear belleza» (Padura 2002: 50). En esta secuencia de preparación al mundo se maneja una idealización de la creación artística: recordemos que la percepción de la literatura a principios del siglo xix (la escena sucede aproximadamente en 1818, cuando Heredia tiene 15 años de edad) estaba formada por los juicios del romanticismo europeo. La congruencia que el padre Varela exige al personaje adolescente José María Heredia se halla en consonancia con la época en que emite su recomendación, y más aún cuando se trata de aconsejar a uno de los protagonistas o «héroes históricos» de la novela. José María Heredia, como es de esperarse, no traiciona la promesa realizada a su maestro, a quien nunca deja de enaltecer en su manuscrito.

La importancia de esa figura paterna en las distintas épocas tratadas en la novela es tal que, siglos después, una actualización secularizada de las enseñanzas del padre Varela funciona, también, como los principios que debe seguir Fernando Terry durante el quinquenio gris (es decir, no «prostituir» su trabajo intelectual en aras de ganar favores del régimen) y durante su vuelta a Cuba en los años posteriores al Periodo Especial en Tiempos de Paz. En consecuencia, dado que a lo largo de la historia de Terry se nos invita a tomarlo como una variante de José María Heredia a finales del siglo XX, por su persecución y su exilio, es evidente que dichas palabras del sacerdote tienen resonancia en el contexto cubano en el que se desarrolla la búsqueda del manuscrito.

La lección de Félix Varela, así, se convierte en una advertencia que leemos como un augurio de lo que sucedería a muchos otros intelectuales y artistas en la época de Machado y en la época del quinquenio gris, ya entrada la Revolución de 1959, «porque los déspotas, que siempre desprecian la poesía, saben que vale más un poeta servil que un poeta muerto» (Padura 2002: 50).

Tiempo después de esa entrevista entre el joven Heredia y Varela, sesenta años para ser exactos, se lleva a cabo un intercambio desventajoso para quien en ese momento es dueño del manuscrito, José de Jesús Heredia, hijo del poeta. Aunque no se le juzga de manera negativa en la novela, sí se mantiene la idea de que, al lado de la figura de su padre, el hijo parece bastante menos dotado para sobresalir; en pocas palabras, que no heredó prácticamente nada de su padre, ni en lo material ni en lo intelectual, con excepción, claro está, del manuscrito que mueve toda la trama.

José de Jesús conoce el valor del documento porque lo ha leído y sabe que, si bien fueron escritos como un intento de comunicación íntima de su padre con él, lo que se cuenta en los papeles atañe al interés de muchas otras familias, no sólo la suya, e incluso a la historia del país. No obstante, dada su precaria situación económica, se ve orillado a vender parte de su legado. El narrador es cuidadoso de no enjuiciar la decisión de José de Jesús, y aunque no justifica del todo dicha venta, hace hincapié en la pobreza del hijo del poeta, transfiriéndole así una parte del decoro familiar y reforzando con ello el modelo de honradez que ha ido desarrollando tanto en la historia de Heredia (el poeta) y la de Fernando Terry, quienes son traicionados. De ahí que, tras elaborar toda una explicación de los injustos contratiempos vividos por José de Jesús, huérfano de padre y madre desde edad temprana, relata que «finalmente [...] aceptó la miseria que le pagaba Figarola por el lote de documentos» (Padura 2002: 83), es decir, las cartas personales de Heredia durante su destierro y otros papeles que documentaban su paso por territorio mexicano. Lo que se niega a vender, sin embargo, es la «novela» que le dejó su padre, misma que deposita bajo el resguardo de la logia Hijos de Cuba como muestra de confianza y agradecimiento, pero sobre todo para evitar la tentación de sacar algún beneficio monetario del texto.

En el centro de «Nombre falso» está el dinero, pero también la propiedad. Si el dinero se encuentra siempre en un estado de riesgo potencial de robo (la moneda es transferible, no puede ser marcada para identificarla), la propiedad, en este caso autoral, está expuesta al plagio. El plagio es, más que el robo, la inquietud despertada en Renzi. A lo largo del texto se encuentran dispuestas varias opiniones acerca del plagio, la falsificación y la suplantación de identidades (no es gratuito, por tanto, el título de la *nouvelle*). Luego de las dificultades que le ha presentado la localización del texto arltiano en manos de Kostia, Emilio Renzi encara una duda que prevalecerá hasta el final del texto y que perseguirá igualmente al lector: ¿hasta qué punto «Luba» es un relato original? Ya no en tanto que Arlt sea el autor, ni siquiera Kostia, sino original en un sentido de innovación y calidad que avalen el precio (cualquiera que éste sea) del manuscrito. Al traer a su mente la idea de que durante años Kostia pudo haber publicado el cuento bajo su nombre y no lo hizo, el investigador recuerda la mención del vínculo Kafka-Brod en su primera entrevista con el viejo amigo de Arlt, así como uno de sus consejos: «Lea *Escritor fracasado*: eso es lo mejor que Roberto Arlt escribió en toda su vida. La historia de un tipo que no puede escribir nada original [...]. Todo es falso, falsificaciones de falsificaciones» (Piglia 2002: 140).

La idea en esencia no tiene nada de nuevo. Baste recordar aquella hipótesis borgesiana sobre la repetición de la literatura de un libro a otro, como si fueran escolios a un gran texto. Pero si entendemos de forma literal la sugerencia y sometemos a duda el cuento que le ha vendido a Renzi, es decir, si seguimos el consejo de Kostia, en una suerte de instrucción metaficcional, observaremos que, efectivamente, el cuento inserto en «Nombre falso» es la copia de un cuento ruso del siglo XIX. «Las tinieblas» de Andreyev pudo haber sido plagiado por

Arlt o por Kostia, en el universo ficcional de la *nouvelle*. Pero en la realidad práctica, ¿ha sido plagiado por Ricardo Piglia? Y en una esfera intermedia de ambos universos, aquella dominada por el narrador Emilio Renzi, ¿no sería este el que efectúa la falsificación, dado que conoce la verdad sobre la autoría del texto? Estas tres preguntas, cuyas repuestas importan bastante menos que todo el ejercicio de reflexión acerca de la frontera entre la realidad y la ficción, están atravesadas por la noción de ética y del valor de la literatura.

En su estudio sobre la historia del plagio literario, titulado *Du plagiat*, Hélène Maurel-Indart sostiene que «el derecho de autor sólo podía desarrollarse en una sociedad fundada en el interés material y el individualismo, tal como empezó a establecerse en el siglo XVIII» (2011: 206)[1]. Antes del arribo de la noción de autor, la idea de perseguir y condenar al plagiario de manera judicial era completamente inoperante (no así la penalización gremial o hasta social, incluso desde la Grecia Antigua). El dinero que Renzi pone sobre la mesa no sirve para comprar un cuento que ni siquiera conoce, sino para absorber entre sus posesiones el nombre del autor: hacer cambiar de dueño esa valiosa propiedad que son los papeles mediante el dinero y legitimar la autoría del texto, mucho más que constatar la calidad de su contenido.

En contraste con esa concepción de la obra literaria como objeto negociable, sobresale uno de los comentarios de Saúl Kostia de entre las muchas alusiones a la literatura y a su intercambio comercial. En una de sus cartas a Arlt, Kostia intenta convencerlo (se entiende que suele hacerlo desde tiempo atrás) de que, si su deseo es hacerse rico, la literatura no es la mejor de las opciones: «Se me ocurre que nunca vas a entender que tenés que separar la literatura de la guita. Imaginarse que la literatura es una especialidad, una profesión me parece inexacto […]. La profesión de escritor no existe, dejate de joder de una buena vez. Nadie escribe porque le guste o porque le dan plata» (Piglia 2002: 129-130). Paradójicamente, Kostia sí «gana plata» con ese cuento que no escribió él, y en el último de los casos, tampoco Arlt. Por otro lado, Kostia no afirma que a un escritor le sea imposible vivir de lo que escribe, pero deja entrever que, en caso de que sus libros vendan, una enorme proporción de las ganancias se irá al bolsillo del editor, de los distribuidores, de la maquinaria intermedia entre el autor y el lector. ¿Qué hace Kostia sino ocupar el lugar de las instancias que separan a Arlt (autor) de Renzi (lector)? Le da lo que busca, el cuento «Luba». Pero al mismo tiempo le juega sucio, porque sabe que se trata de un plagio.

---

[1] «[L]e droit d'auteur ne pouvait se développer que dans une société fondée sur l'intérêt matériel et l'individualisme, tel qu'elle commence à se mettre en place au XVIIIe siècle».

Su ética, sin embargo, no es la de un mercader de la literatura; por ello se arrepiente y devuelve el dinero a cambio de la restitución del texto que Renzi, por ningún motivo, va a soltar. No le dice que se trata de un «falso Arlt» pero impide que lo pueda publicar como primicia. Kostia sabe que si alguien nota el plagio a «Las tinieblas» se pondrá en duda la reputación de Renzi, y, más importante para él, la de Roberto Arlt.

Si Kostia escatima la información a Renzi, este último hace lo propio con el lector de «Nombre falso». También se divierte engañando en un inicio al lector, y nunca explicita la verdadera autoría de «Luba», sino que en el íncipit de la *nouvelle* lo ostenta como «el único relato de Arlt que ha permanecido inédito después de su muerte». No obstante, casi al final de su informe, Renzi deja el indicio más claro del origen del cuento que tanto lo ha intrigado en días recientes, el motivo de su investigación y el objeto de su búsqueda. Al referir el contenido de una caja de metal que le lleva Andrés Martina, Renzi menciona de forma casi circunstancial el núcleo del enigma, sin aspaviento alguno:

> Adentro encontré la explicación [...] que había decidido a Kostia a publicar el relato de Arlt con su nombre. En medio del polvo y pegoteados en una sustancia gomosa que parecía caucho líquido, había tres billetes de un peso; varias muestras del tejido de las medias engomadas; un ejemplar de *Las tinieblas* de Andreiev; una hoja de papel canson cubierta de fórmulas químicas; una página de la revista *Argentina libre* [...], un montón de hojas manuscritas [...] eran las páginas que faltaban en el cuaderno. Escrito en tinta, borroso, estaba el original (inconcluso) de *Luba*. (Piglia 2002: 155-156)

Como se lee en el párrafo, Emilio Renzi encontró en ese momento la explicación, mas no la comparte. De hecho, da a entender que dicha explicación se encuentra en el «original» del cuento, y no entre las insignificancias halladas al interior de la caja metálica. El indicio, sin duda, está sembrado pero pasa desapercibido. La imagen reflexiva metaficcional es bastante clara: el narrador deja esa pista en espera de que su lector se interese por el libro de Andreyev, quizá lo consulte y, entonces, comprenda que «Luba» no puede publicarse como si fuera un relato inédito de Arlt. No obstante, dicha instrucción no se hace, lo cual equivale a dejar irresuelto el enigma de una novela policial de género. Para un receptor habituado a las historias como *La novela de mi vida*, cuyo desenlace no deja cabos sueltos ni incertidumbres en lo relativo al misterio planteado, resulta bastante decepcionante, pues en «Nombre falso» nunca se dice literalmente por qué no se publica el relato en aquella edición conmemorativa que tanto anunció Renzi al inicio, y con ello se produce ese *unfulfilled suspense* que según Stefano Tani, como hemos visto en el primer capítulo de este trabajo, caracteriza lo que él denomina ficción antidetectivesca.

En su carácter de metacomentario sobre el valor de la literatura, la búsqueda de «Luba» comunica de qué manera se asigna un precio a una obra codiciada y, en consecuencia, se aborda el aspecto deontológico del investigador literario e incluso se pone a prueba la honestidad y la fidelidad de un amigo. Es evidente que no se trata de un relato ejemplarizante, ni en el ámbito ético ni en el genérico; por ello, ignora todas aquellas prescriptivas de S.S. Van Dine, de Borges, del *London Detection Club*: el *fair play* no le interesa al narrador de «Nombre falso», y bien podemos terminar de leer el texto y haberlo disfrutado sin siquiera intuir que el tan presumido cuento «Luba» es prácticamente idéntico a «Las tinieblas».

Así pues, uno de los conflictos centrales de la historia quedaría planteado de manera pragmática y directa al lector, pues es la última instancia sujeta al engaño del cuento recobrado. Al igual que Kostia y Renzi en «Nombre falso», que Fernando Terry en *La novela de mi vida*, y que Lima y Belano en *Los detectives salvajes*[2], el lector asume que los textos rastreados tienen un cierto valor literario y hasta histórico, y en ellos se superpone la veracidad con la ficción toda vez que se acude a figuras «reales» (salvo Tinajero, pero se suple esa figura ficcional con las intervenciones de personajes con referentes reales), mismas que acentúan el efecto metaficcional, esa suerte de «engaño pactado» que se genera en textos como los que se abordan en este trabajo, pues se asumen como ficción pero se niegan a desengancharse de una problemática real dentro del ejercicio de la literatura: el dinero y el valor de los textos.

Dicho esto, la revelación final del cuento «Luba» toma un cariz sarcástico hacia el lector y, más aún, hacia los futuros críticos literarios (incluido Renzi, pero sobre todo nosotros, lectores de Renzi): «Es plata falsa [dice el protagonista a la prostituta de sobrenombre Luba], pero eso no importa: nadie va a notar la diferencia» (Piglia 2002: 185).

---

[2] Para los realvisceralistas el valor de la poesía reside en la vivencia de la lectura y de la creación literaria; en consecuencia, al ser una experiencia íntima, carece de valor de cambio material y por lo tanto de capitalización en moneda. La obra de Tinajero constituye, en efecto, un patrimonio intangible —más aún cuando no se conoce— cuyo valor es imposible de trasformar en otro tipo de bien; en consecuencia, la novela *Los detectives salvajes* ha quedado al margen de este segmento sobre literatura y dinero.

Versiones de la historia

En el primer capítulo de este libro se hacía referencia a varios elementos que distinguen la novela policial de género y la narrativa que emplea el registro policial. Una de esas variantes está relacionada con el carácter de la resolución final, una solución que suele ser conclusiva e inapelable en el género policial, mientras que en el registro dicha importancia por la sorpresa suele atenuarse. Tomando como base las hipótesis de Stefano Tani, en ese primer capítulo examinamos la bipartición entre novela detectivesca y novela antidetectivesca, cuyo contraste decidimos resumir como una *ficción de certezas* (la primera, que necesita del desenlace puntual e inapelable) frente a una *ficción de posibilidades* (que Tani llama antidetectivesca) en razón de los múltiples vacíos en lo que concierne a su resolución. No está de más aclarar que las tres novelas del corpus que analizamos corresponden a lo que Tani denomina antidetectivesco, y por lo tanto habrán de ser consideradas como ficciones de posibilidades, en tanto que abren la puerta a distintas interpretaciones de sus historias particulares y de las historias del contexto en el que se desarrollan.

Es sabido que la literatura policial de las últimas décadas suele abordar problemáticas sociales, no siempre de manera crítica, puesto que en ocasiones dichos conflictos sirven únicamente como detonadores de la acción sin que se invite a reflexionar acerca de las motivaciones y consecuencias de la violencia. El género policial latinoamericano, igualmente, ha tendido a absorber la temática de corte social, particularmente a partir de la década de los setenta, época en la que se crea, en ese mismo contexto geográfico, la denominación *neopolicial*. Iniciada en esencia por el primer libro de Paco Ignacio Taibo II donde aparece su detective Belascoarán Shayne (*Días de combate*, 1976)[3], la novela neopolicial, hoy en día, continúa llamándose así según una parte de la crítica, los editores y algunos de los autores que la cultivan.

Una de las razones por las que el empleo de dicha apelación resulta poco ventajosa para fines analíticos es su casi absoluta falta de delimitación estética; a no ser por su clara vocación denunciatoria, entre los autores que se autoincluyen en la esfera del neopolicial existen importantes diferencias cualitativas. El neopolicial, a grandes rasgos, se definiría como un tipo del género *hard-boiled* que se distingue de la novela policial escrita en los países del capitalismo desarrollado en lo que a metodología de investigación detectivesca se refiere:

---

[3] Para un estudio más detallado de las circunstancias en que surge el neopolicial, véase Vizcarra 2013, apartado «El traslado de la literatura policial al contexto mexicano: la Serie Belascoarán Shayne de Paco Ignacio Taibo ii».

en la literatura policial latinoamericana (neopolicial o con la etiqueta que se prefiera) el problema no consiste en que se haga o no justicia –suele no haberla–, sino en que el aparato encargado de aplicarla es inoperante y a veces hasta corrupto, de ahí que los autores aprovechen, como dice Valeria Grinberg Pla, «la productividad y eficacia del género negro para representar críticamente en toda su crudeza las contradicciones de la sociedad latinoamericana contemporánea» (2012: 39). Por otra parte, el éxito y la aceptación popular de este tipo de novela negra *a la latinoamericana* puede explicarse por las necesidades del contexto, necesidades tanto de escritores cuya idea de literatura comprometida era (y sigue siendo) la base de su actividad creadora, así como de lectores interesados en establecer conexiones entre la violencia cotidiana, la desigualdad económica y la política nacional. Para Persephone Braham, los movimientos estudiantiles de 1968 marcan el inicio de esa tendencia; aunque no la menciona directamente, la publicación en México de *El complot mongol* (1969), de Rafael Bernal, respaldaría su hipótesis, según la cual:

> Si la novela policial era de poca relevancia para los latinoamericanos antes de 1968, desde entonces los escritores de esos países adoptaron el género porque permite un examen crítico de sus instituciones sociales. [...] La literatura policial contemporánea en español es una literatura explícitamente ideológica y de conexiones internacionales. Su tendencia política de izquierda se centró en los movimientos estudiantiles internacionales de 1968, en la transición española postfranquista, en la Guerra Sucia argentina y en la Revolución cubana[4]. (Braham 2004: xv)

En un libro como *Crimen en el Barrio del Once* (Siruela, 2011) del platense Ernesto Mallo, vemos que la deficiencia y la falta de honestidad de la policía argentina tropiezan con un adversario aún más violento y poderoso que un asesino serial: la Junta Militar instaurada en 1976. La segunda mitad de esa década trae para *El Perro* Lascano, comisario del cuerpo policiaco bonaerense, el choque ético entre el ser y el deber ser. Al igual que sus colegas, es visto por la mayor parte de la población como un represor inculto y lumpen que se aprovecha de la pequeñísima fracción de poder depositada en una placa.

---

[4] «If the detective novel was of little relevance to Latin Americans before 1968, Latin American writers have adopted the genre in the years since then precisely because it permits a critical scrutiny of their social institutions [...]. Contemporary Hispanic detective fiction is an explicitly ideological literature with international connections. Its leftist politics were honed in the international students movements of 1968, Spain's post-Franco transition period, Argentina's Dirty War, and the Cuban Revolution».

Y aunque *El Perro* no es tal en la práctica, sí lo es por omisión: recoge en las calles de la capital cadáveres con señales de tortura; tiene conocimiento de los recién nacidos arrebatados por los militares a las mujeres de la subversión; reconoce las señas que cada sección militar utiliza para ultrajar los cuerpos de los ejecutados y hasta el estilo peculiar de sus tiros de gracia. A pesar de saberlo, Lascano tiene que mantenerse al margen de ello, pues la jerarquía y el poder del ejército son muy superiores a los de la policía como para que pueda externar algún reclamo.

Todo cambia cuando el comisario encuentra tres cuerpos lanzados a la orilla de una carretera. Dos son, efectivamente, de muchachos que identifica como miembros de la «subversión». El tercero, que no tiene las marcas de tortura ni el tiro de gracia del par de jóvenes, ha sido plantado en el sitio horas después. Lascano investiga a ese muerto y al poco tiempo descubre la identidad del cadáver. Se trata de un rico prestamista de origen judío, avecindado en el barrio del Once. El dinero, pues, resulta el motivo del crimen, y la clase alta bonaerense, aparentemente fuera del espectro de la lucha entre los dos flancos mencionados, se ve envuelta de manera directa en un crimen que saca a la luz los vínculos de la burguesía argentina con algunos de los individuos que ponen en marcha efectiva el aparato represor. En pocas palabras: al concentrarse en el homicidio de un usurero judío, el escenario de los años de la dictadura se vuelve muchísimo más abrumador, más irracional, omnisciente e ilimitado.

Si bien la novela sucede en los setenta, no todo lo que está en juego se sitúa en el polo de la Junta Militar y la llamada subversión, aunque evidentemente el dramatismo de estos enfrentamientos, que sirven más bien de marco al asesinato principal de la historia, se ve acentuado por la tragedia que implica la normalización de la violencia, de la tortura y del acoso. A la frase de Piglia transcrita párrafos arriba habría que añadir que, como en toda buena ficción policial, en *Crimen en el Barrio del Once* existe mucho dinero en juego, pero también muertes, suspense, culpables, víctimas y, sobre todo, historias que cuestionan la historias oficiales. Finalmente Lascano debe escapar de Argentina como prófugo de los militares rumbo a Brasil. Así, la «justicia de facto» se revierte en contra del comisario.

De la misma manera en que esta novela contemporánea intenta revelar historias personales dentro de la dictadura argentina, la narrativa de registro policial, incluida la de textos ausentes, retoma aspectos de la narrativa de corte social sin ser forzosamente denunciatoria. A diferencia de ésta, recrea un contexto determinado y explora las microhistorias; no busca negar ni poner en duda lo que sucedió, sino imaginar las perspectivas inmediatas de testigos anónimos en un entorno histórico conflictivo, de tal suerte que se recurre al registro policial como recurso para recobrar pedazos ocultos del pasado y echar luz sobre ellos, es decir, para visibilizar fracciones escondidas de la memoria impuesta o de la historia oficial.

«En la universidad no hubo muchos muertos. Fue en Tlatelolco. ¡Ese nombre que quede en nuestra memoria para siempre! Pero yo estaba en la facultad cuando el ejército y los granaderos entraron y arrearon con toda la gente» (Bolaño 2005: 192), dice el personaje Auxilio Lacouture en *Los detectives salvajes* la única vez que es entrevistada. Esta uruguaya radicada en México, y autollamada madre de la poesía mexicana, refiere su encierro de varios días en un baño de la Facultad de Filosofía y Letras de la UNAM durante la irrupción del cuerpo de granaderos a Ciudad Universitaria en 1968. En el pasaje del libro no se habla de manera directa de la represión de estudiantes en la Plaza de las Tres Culturas de Tlatelolco, el 2 de octubre, sino de dicha incursión militar, ilícita, al campus universitario autónomo.

Dejando a un lado las numerosas especulaciones académicas y periodísticas sobre la persona real que inspiró Lacouture, este personaje fue explotado por Bolaño ulteriormente[5] gracias al año en que, de manera metafórica, está detenida su memoria. En un tono similar al de los locos a los que se hizo mención en el apartado anterior (María Echavarne, Jorge Font), el discurso de Lacouture fluye sin un punto de partida ni de llegada aparente, guiada por una asociación arbitraria de recuerdos y no por una relación causal en el monólogo. Al inicio habla de Arturo Belano, sujeto de la investigación, para después divagar entre sus experiencias en el sesenta y ocho y su amistad con los poetas españoles Pedro Garfias y León Felipe, básicamente anécdotas y chismes inofensivos a propósito de sus conocidos exiliados. Al igual que ella, esos tres personajes, uno chileno y los otros dos españoles, llegan a México procedentes de países donde se han instalado regímenes militares simpatizantes de la derecha. Auxilio Lacouture, por su parte, arriba al Distrito Federal pocos años antes de los sucesos de 1968 y vive sin un empleo fijo, merodeando la Facultad de Filosofía y Letras y los bares del centro histórico.

Su testimonio, de alrededor de diez páginas, es similar al discurso entrecortado de «la loca» que protagoniza las narraciones de Emilio Renzi, un discurso sin orden claro ni secuencia articulada. Salta de un personaje a otro mientras

---

[5] En 1999, un año después de la aparición de *Los detectives salvajes*, se publica *Amuleto*, novela corta que continúa y amplía el discurso directo (la entrevista) en la que Auxilio Lacouture relata sus aventuras en la Ciudad de México.

relata su experiencia traumática encerrada en los baños de la Facultad el 18 de septiembre de aquel año. El mensaje central que se mezcla con otras informaciones recae, obviamente, en la ocupación militar del campus principal de la UNAM, mensaje que a su vez condensa el clima represivo del contexto no sólo mexicano. Lacouture cree encarnar la resistencia del intelectual, en particular la del poeta, frente a las dictaduras latinoamericanas del siglo XX, y ella se toma a sí misma bastante en serio, no así quienes la rodean. Por ello, más que un personaje idealista asumido como preservador de la memoria combativa, se trata de una «versión femenina del Quijote», tal como, según ella refiere en las páginas de *Amuleto*, Pedro Garfias la define. En la militancia ferviente del personaje hay bastante de ingenuidad y de locura que todos, menos ella, son capaces de percibir. Podría argumentarse que el personaje es una sátira de los escritores comprometidos con las causas sociales, con los movimientos revolucionarios y estudiantiles de las décadas de los sesentas y setentas, mismos que fueron acallados por las represiones. Igual que los detectives salvajes, quienes son olvidados luego de perderse en alguno de los países donde prácticamente mendigaban, Auxilio Lacouture es la imagen de una creyente –en la lucha política, en la poesía– fuera de tiempo, trasnochada.

Pese a las derrotas que representaron la matanza de Tlatelolco, la Junta Militar argentina, la dictadura cívico-militar uruguaya y el golpe de Estado en Chile, entre muchos otros acontecimientos, Lacouture se mantiene como la portadora de un testimonio que, de tanto haber sido relatado, ha dejado de pertenecerle en su totalidad: «he escuchado la historia, contada por otros [dice la uruguaya], en donde aquella mujer que estuvo quince días sin comer, encerrada en un baño, es una estudiante de Medicina o una secretaria de la torre de Rectoría [...]. Y a veces ni siquiera es una mujer sino un hombre, un estudiante maoísta o un profesor con problemas gastrointestinales» (Bolaño 2005: 199); esa experiencia originalmente suya, que se circunscribe a unos cuantos días de 1968, en consecuencia, se ha vuelto una historia sin autor determinado y de dominio público, la cual se modifica cada vez que alguien, quienquiera que sea, la relata. La anécdota sufre cambios pero en esencia sigue comunicando lo mismo (igual que en «La loca y el relato del crimen» de Piglia, título que bien podría compartir con el testimonio de Lacouture): ese miedo persistente a la militarización y a los regímenes totalitarios característicos de la región. De forma sintomática, los instantes de su reclusión en un baño coinciden, y no es casualidad, con la fecha señalada por Persephone Braham en el párrafo citado páginas atrás, época en que se marcó un rumbo claro en la literatura policial latinoamericana. Auxilio Lacouture, sorprendentemente, termina su monólogo casi delirante con una frase llena de cordura acerca del destino de su vivencia: «La leyenda se esparció en el viento del DF y en el viento del 68, se fundió con los muertos y con los sobrevivientes y ahora todo el mundo sabe que una mujer permaneció en la universidad cuando la autonomía fue violada en aquel año hermoso y aciago» (Bolaño 2005: 199).

Ese personaje de *Los detectives salvajes*, que dice de sí mismo «yo soy el recuerdo», no funciona propiamente como un revelador de algo desconocido, pues la ocupación de la universidad y la masacre de Tlatelolco están bien documentadas. Sin embargo, el hecho de que testimonie su experiencia sirve para que los hechos permanezcan en la memoria de quienes la entrevistan en la novela (de los lectores-detectives) y evitar que con el tiempo puedan ser minimizados o incluso borrados. Por esa misma razón, en *La novela de mi vida*, José María Heredia se propone escribir su autobiografía; con ello, pretende heredar su propia memoria a su primogénito, una memoria cuyo interés no se limita al ámbito familiar, sino que inclusive trasciende al nivel de la historia nacional de Cuba, y de paso al de su historia literaria.

José de Jesús Heredia, destinatario original del legado, comprende la gravedad de ese documento, pues sabe reconocer que el testimonio ofrecido por su padre rebate las versiones aceptadas sobre su injerencia en la política y en la poesía cubanas de la primera mitad del siglo XIX: «Mi padre cuenta cosas que es mejor nunca se sepan [dice José de Jesús]. Sobre él mismo, sobre Lola Junco y sobre mucha gente... Descubre muchas mentiras. También dice que [Domingo] del Monte lo delató en el año 23, que siempre fue un traidor» (Padura 2002: 170). ¿Para quién resulta mejor que *no se sepan ciertas cosas*? Si lo que se afirma como verdad histórica alrededor de las dictaduras del cono sur o de la represión de estudiantes en México, por ejemplo, está impregnado de ambigüedades o incluso de hechos tergiversados, significa, como resulta obvio, que alguien se favorece o se protege con ello.

José de Jesús está caracterizado como un personaje sin el atrevimiento ni la inteligencia de su padre, pero, a final de cuentas, como un personaje noble. Por eso, cuando está a punto de morir, exige que los papeles sean destruidos: «Júrame que los vas a quemar [le dice a uno de sus amigos, Cristóbal Aquino]. ¿Te convenzo si te recuerdo que es mi última voluntad?» (Padura 2002: 172). Dicha solicitud, efectivamente, es la misma que hace Kafka a Max Brod, referida por Renzi en «Nombre falso»; y Aquino, actuando de la misma manera que Brod, lee el manuscrito antes de cumplir con la petición de su amigo moribundo, y después decide por sí mismo. La tibieza de José de Jesús se justifica, más que por cobardía, por no exponer al debate público la reputación del poeta (de hecho, se cuenta que hizo desaparecer una carta de su padre a un juez, donde se retractaba de su apoyo a los conspiradores independentistas); sin embargo, sus amigos, a quienes les deja la responsabilidad de destruir los papeles, tienen una opinión diferente: «Yo lo único que creo es que se deben publicar. Y que se joda quien se tenga que joder» (Padura 2002: 236), dice Carlos Manuel Cernuda en una última discusión con Aquino, tras la muerte de José de Jesús.

Las múltiples peripecias del peligroso manuscrito, y la falta de decisión de aquellos en cuyas manos estuvo, hacen que los papeles terminen quemados a propósito; no obstante, el lector tiene conocimiento de todo el contenido y por ello, al menos en la ficción, se joden aquellos que se tienen que joder, pues se reivindica la memoria del poeta y se estigmatiza a quienes lo persiguieron. La intención, como adelantamos, no es rehacer una historia oficial, acaso tampoco desestabilizarla, sino comprobar que existen distintas maneras de apreciar las mismas acciones.

Las voces de Auxilio Lacouture y la del manuscrito herediano permiten abordar, desde la ficción y desde la estrategia de la puesta en abismo, diferentes versiones de hechos aceptados por convención y repetición; así pues, ambos testimonios cumplen con el rol del testigo de la novela policial, a partir de los cuales se formará una hipótesis y una imagen de lo que pudo haber sucedido en la escena del crimen o en el escenario histórico. A fin de cuentas, como explica el narrador en *La novela de mi vida*, «a José de Jesús lo tranquilizaba el convencimiento de que la historia se escribía de ese modo: con omisiones, mentiras, evidencias armadas *a posteriori*, con protagonismos fabricados y manipulados» (Padura 2002: 36), comentario que, al emplear el procedimiento discursivo del metacomentario, mientras simula omnisciencia y con ello ser capaz de entrar al pensamiento de José de Jesús Heredia, en realidad refleja el escepticismo que recorre la novela, al menos en lo referente a la construcción de la historia.

Coyunturas políticas

El detective literario creado en el contexto latinoamericano, en la inmensa mayoría de sus representaciones, está ligado a la postura contestataria frente al poder político. Incluso aquellos que forman parte de los cuerpos policiacos de sus respectivas ciudades, como el comisario Lascano de Ernesto Mallo o el teniente Mario Conde de Leonardo Padura, emiten juicios críticos sobre gobernantes, empresarios y hasta policías. Es decir, tienden a ser ciudadanos politizados incluso más comprometidos socialmente que el común de la gente, algo ciertamente inverosímil pero aceptado como una convención peculiar de las literaturas policiales de Latinoamérica.

En 1984, Mempo Giardinelli describía el auge de la novela policial en América Latina, aduciendo razones de índole social: «el rol policial es el de conservar un determinado *statu quo*. Esto no está mal, *per se*. Pero lo que sucede es que evidentemente en América Latina, casi desde siempre, el orden a conservar por los poderes policiales es un orden injusto: el orden de las oligarquías» (1984: 65). Como en sus textos de ficción, Giardinelli se ha encargado de resaltar en sus ejercicios de crítica literaria los aspectos extraliterarios de la novela policial latinoamericana, particularmente su capacidad cuestionadora y denunciatoria de ésta frente a la desigualdad. Y aunque su reflexión tenga como objeto el género negro, a más de treinta años de la publicación de la columna, la esencia del mismo permanece vigente.

De la misma forma, en las novelas que analizamos existen protagonistas que, sin asumirla como su principal vocación (como sí lo sería en novelas donde el detective es un periodista o un abogado, por ejemplo), dan cuenta de su propia inconformidad con la situación social en que viven, entorno que, de forma sintomática, suele estar sumido en crisis de violencia o bajo dictaduras de cualquier tipo. Dada la distancia temporal en que se desarrollan las tres novelas y los diferentes países en que ocurren las acciones, empezaremos por reflexionar sobre la noción de patriotismo.

Aunque el tema del nacionalismo, en las tres novelas, sólo sea planteado de forma explícita en el texto del escritor cubano, resulta interesante el manejo que Padura hace de dicha noción para meter en problemas a sus personajes decimonónicos, puesto que el anhelo de fundar una patria, en el contexto preindependentista, es una cuestión de enorme trascendencia. «Escogería a Cuba como mi patria poética, pues aquel país oprimido y corrupto, vital y generoso, tenía los encantos necesarios para que un poeta diera rienda suelta a su creatividad» (Padura 2002: 45), dice José María Heredia en los inicios de su recuento. Algo irrefutable para quien conoce la historia literaria, pese a que el poeta vivió más fuera de su país que dentro, tanto en Venezuela, Estados Unidos y México, donde murió. Tal como lo amerita, la declaración de filiación a un territorio abstracto es romántica. Sin embargo, en el entramado de historias que conforman la totalidad de *La novela de mi vida*, la idea se replica en el resto de los protagonistas de otras épocas. Así como Fernando Terry es una versión nueva de Heredia, las condiciones de la «patria» se perciben como similares.

En 1999, fecha del regreso de Terry a La Habana, estaba por cumplirse una década del Periodo Especial en Tiempos de Paz y, como desde algunos años atrás, los grupos anticastristas de dentro y de fuera de la isla intentan promover un cambio radical en lo político y en lo social. También, más o menos radicales según se vea, hay quienes optan por salir de Cuba rumbo a Estados Unidos (la crisis de los balseros explota en 1994) y, con ello, dejar su patria. Aunque el tema de la concepción de la patria en primera instancia parezca más propio de los personajes del siglo XIX que aparecen en la novela, en realidad hay una resonancia del mismo asunto en los siglos que comprende la historia escrita por Padura. El mismo Terry es un «marielito» que, como Reinaldo Arenas, sale al exilio desde el puerto de El Mariel en 1980 rumbo a Miami, de donde, igual que Arenas, se dirige a Nueva York, hasta que finalmente logra instalarse en Madrid. «¿Me pasa lo mismo que te pasaba a ti o es que me empeño en que me pase lo mismo que a ti?» (Padura 2002: 67), se cuestiona Terry con referencia a los paralelismos de su vida con la de Heredia. La novela nunca lo dice de manera directa, pero el paralelismo entre los gobiernos autoritarios, por no llamarlos dictaduras, es más que evidente.

Si la fundación de un «espíritu nacional» es una de las mayores inquietudes para la generación de Heredia, incluidos sus contrincantes, ciento setenta años después el tema sigue ahí, aunque modificado por la situación del contexto postrevolucionario. Terry, como incontables intelectuales cubanos, tiene que emigrar y una vez en el exilio decidir, cuando las circunstancias se lo permiten, si adquiere o no una nueva nacionalidad. Independientemente de la decisión que tome, el hecho de confrontarse al posible cambio de nacionalidad, por necesidad o voluntad, trae consigo el dilema de la traición a la patria. En un país cuya divisa, desde 1959, reza «Patria o muerte», la elección se antoja comprometedora, por decir lo menos. A José María Heredia le asignan un puesto gubernamental en México (la judicatura del distrito de Veracruz) y logra insertarse en la vida política y en el círculo masón del país. Más tarde es electo diputado por el Estado de México, según la novela. En plena crisis de nostalgia por Cuba, Heredia solicita un permiso para viajar allá por unos días. Terry hace lo mismo para visitar legalmente La Habana por treinta días, para ir a reencontrar su pasado y aclarar las dudas que tiene sobre este, siempre con el pretexto de hallar el misterioso manuscrito del poeta. El paralelismo entre ambos personajes, más que evidente, también puede interpretarse como una alegoría de la historia intelectual cubana, particularmente de los exiliados, desde los primeros cubanos (incluso antes de que Cuba fuera declarada independiente) hasta aquellos de fines de siglo xx. O quizá como un recordatorio de los regímenes autoritarios a los que el país se ha visto sometido.

En el universo de *Los detectives salvajes*, es en la Ciudad de México donde se asientan dos miembros chilenos del real visceralismo. Arturo Belano y Felipe Müller «aparecieron después del golpe de Pinochet», se afirma en el diario de García Madero, insinuando que ambos abandonaron Chile, acompañados por sus familias, a causa del golpe de Estado de 1973. Aunque no se trata de dos jóvenes militantes, como tampoco lo son los miembros de su grupo poético, existe en ellos cierto grado de politización, y por ello es fácil creer en el pretendido destierro de los dos chilenos, cuyo caso sería igual al de muchos otros que, en efecto, llegaron a México inmediatamente después del derrocamiento de Salvador Allende. No obstante, páginas más adelante, otro personaje da una versión distinta, al menos en lo que concierne a Belano.

«¿Hace mucho que vive en México?», pregunta García Madero a propósito de Belano, «Desde el putsch de Pinochet –dijo María sin levantar la cabeza. –Desde mucho antes del golpe –dijo San Epifanio–. Yo lo conocí en 1970. Lo que pasa es que después volvió a Chile y cuando sucedió el golpe regresó a México» (Bolaño 2005: 56). Si bien el golpe de Estado en Chile no vuelve a ser mencionado por los realvisceralistas en toda la novela, queda claro que la coyuntura política de dictaduras militares y la represión potencial y activa, sin afectar directamente a los protagonistas, se establece como escenario de sus acciones, escenario que le otorga congruencia a la primera y tercera partes de la novela: que un proxeneta y un oficial de la policía persigan sin ley de por medio a una prostituta fugada con tres poetas que venden droga es, básicamente, la historia policial en la superficie de *Los detectives salvajes*, anécdota que, como lo hizo visible el *neopolicial* al estilo Taibo ii, sólo puede ser concebible y verosímil en un entorno como el latinoamericano (o en aquellos donde existan grandes falencias en los sistemas de justicia operantes).

En su última intervención en las entrevistas, el chileno Felipe Müller refiere dos perfiles biográficos que Belano le contó en un aeropuerto. Ambas historias versan sobre escritores que «creían en la revolución y en la libertad. Más o menos como todos los escritores latinoamericanos nacidos en la década del cincuenta» (Bolaño 2005: 497). Aunque no se consignen los nombres, es obvio que una de las semblanzas pertenece a Reinaldo Arenas. La mención del novelista cubano viene a cuento por una frase que intenta resumir su resistencia al interior de la isla hasta antes de 1980, cuando parte exiliado desde el puerto de El Mariel (igual que Terry): «Como buen (o mal) latinoamericano, no le daba miedo la policía ni la pobreza ni dejar de publicar» (Bolaño 2005: 499), dice Müller que le contó Belano la última vez que se vieron. Como sabemos, Arenas muere en el exilio, enfermo de sida, sin haber podido nunca regresar a Cuba. El paralelismo entre José María Heredia, Fernando Terry y él es indiscutible. Si en *Los detectives salvajes* el ambiente opresivo sirve de fondo para otorgar credibilidad, cohesión y emoción al relato de la fuga hacia el norte de México, en *La novela de mi vida* aparece como una constante, acaso como uno de los principales antagonistas para los personajes principales.

Así como la vigilancia y el acoso institucional orillaron a Reinaldo Arenas a escapar de la isla, Fernando Terry se ve envuelto en una lectura ideológica de sus obras de creación. La evaluación la realiza, paradójicamente, un oficial de policía, el mismo que lo interroga en la Escuela de Letras de la Universidad de La Habana: «Nosotros sí nos enteramos de todo… Por si fuera poco [continúa el oficial], una lectura de sus poesías demuestra que usted no es precisamente un hombre politizado» (Padura 2002: 26). Aunque literalmente lo acusa de una falta de interés por la política cubana, el mensaje en realidad comunica una vigilancia ideológica de sus acciones, incluidos los poemas que ha publicado. La no politización a la que se refiere el policía Ramón significa, simplemente, que el joven académico no es militante oficialista, ni miembro de los Comités de Defensa de la Revolución, ni escritor favorable al gobierno. En la cacería de brujas en que se convirtió el llamado quinquenio gris, Fernando Terry, como muchos otros intelectuales cubanos, sobre todo aquellos homosexuales, se halla automáticamente acusado de antirrevolucionario por haber ocultado información sobre la posible emigración ilegal de uno de sus amigos. El delito, o la falta, es lo de menos, pues lo que se desea es tener el control de las actividades de los ciudadanos. El desvío ideológico, por tanto, es la denominación en que se engloba cualquier acción sospechosa, sin importar la escala, que pueda poner en peligro al régimen. Por ello, poco importa en qué momento histórico se insertan ciertas frases en la novela, pues se deja claro que conservan su vigencia. Si en la obra global de Padura hay una crítica muy velada al régimen castrista, o mejor, un reflejo de la desilusión generada por el camino que tomó el régimen revolucionario, en *La novela de mi vida* la crítica aparece triangulada, por decirlo de alguna manera, a través de las palabras de personajes de otras épocas: «La delación y el espionaje, tan frecuentes en Cuba, habían funcionado como una maquinaria bien afinada» (Padura 2002: 191), frase atribuida a José María Heredia, es perfectamente desplazable a la circunstancia de Terry; «Nadie ni nada estaba a salvo de la traición, y menos aún en tiempos de dictaduras» (2002: 191), se comenta a propósito del ambiente durante la dictadura de Gerardo Machado, entre

1925 y 1933. La pregunta obligada es: ¿por qué no poner esas frases en boca de Terry?

Igual que Leonardo Padura, Terry pertenece a la generación que creció con las expectativas surgidas con la Revolución. En ningún momento de la novela, ni aun cuándo es acosado por la policía, Terry expresa alguna opinión anticastrista. Tal como sucede en el resto de la obra de Leonardo Padura, las menciones a Fidel Castro son inexistentes. Tampoco se habla de una revolución fallida, sino de individuos que no supieron estar a la altura que las circunstancias históricas les exigían, desde los altos mandos de la administración pública hasta los oficiales de policía. A diferencia de la perspectiva de los autores cubanos nacidos en la década de los setenta o finales de los sesenta, como Antonio José Ponte, Ronaldo Menéndez o Ena Lucía Portela, que suelen ser más críticos e irónicos hacia el castrismo postsoviético, Padura continúa imponiendo a sus protagonistas una ideología que no se sale del terreno de lo políticamente correcto: por más que el sistema los lastime, los individuos como Fernando Terry o Mario Conde (detective de la serie de sus novelas policiales) conservarán una integridad ética cercana a la del Hombre Nuevo.

Bolaño, nacido en 1953 (apenas dos años antes que Padura), dota a sus personajes de un desencanto equiparable mas no idéntico. Arturo Belano y Ulises Lima, los detectives salvajes, forman parte de una generación para la cual la esperanza latinoamericana de gobiernos de izquierda, o connatos de ellos, se vio sistemáticamente suprimida por las dictaduras militares; por ende, la búsqueda y la desaparición son las dos obsesiones de la novela: búsqueda del pasado personal (la juventud) y del pasado literario (la fundadora del primer realismo visceral), y desaparición, traslucidez o inestabilidad, como lo llamamos al inicio de este capítulo, de la figura del detective en el proceso de la investigación infructuosa.

Como es fácil constatar, los detectives salvajes caen en una especie de fervor iconoclasta propio de toda vanguardia artística, una actitud que puede ser tachada de adolescente, dado que además de proponerse revolucionar la poesía también simulan rebeliones de mayores dimensiones; algo que, como suele suceder con sus proyectos, nunca cristaliza. «Moctezuma Rodríguez es trotskista. Jacinto Requena y Arturo Belano fueron trotskistas. [...] Ernesto San Epifanio fundó el primer Partido Comunista Homosexual de México», afirma García Madero en su diario, y continúa: «Ulises Lima y Laura Damián planeaban fundar un grupo anarquista: queda el borrador de un manifiesto fundacional. Antes, a los quince años, Ulises Lima intentó ingresar en lo que quedaba del grupo guerrillero de Lucio Cabañas» (Bolaño 2005: 77). Eso sucede en el año 1976. La misma generación de escritores, entrevistada en 1994, manifiesta cambios ideológicos en distintas gradaciones, producto del ascenso social o de la «madurez». En siete entrevistas consecutivas, realizadas en la Feria del Libro de Madrid de 1994, cada escritor da sus opiniones sobre el compromiso político del literato. De esta serie de impresiones destacan la del escritor Aurelio Baca, semiliberal de izquierda que confiesa:

> En época de Stalin yo no hubiera malgastado mi juventud en el Gulag ni hubiera acabado con un tiro en la nuca [...], en época de McCarthy yo no hubiera perdido mi empleo ni hubiera tenido que despachar gasolina en una gasolinera [...], en época de Hitler, sin embargo, yo habría sido uno de los que tomaron el camino del exilio y en época de Franco no habría compuesto sonetos al Caudillo ni a la Virgen Bendita como tantos otros demócratas de toda la vida. (Bolaño 2005: 484-485)

La postura de Baca, ciertamente, es congruente e irreprochable, dado que no se define a sí mismo como un revolucionario temerario, sino como un intelectual de izquierda moderada que no estaría dispuesto a perder ni la vida ni las comodidades que ha ganado por una causa idealista. Otro de los entrevistados, Pere Ordóñez, opina sobre el origen socioeconómico de los escritores de lengua española, hipótesis según la cual los literatos nacidos en la segunda mitad del siglo XX suelen criarse, y por lo tanto actuar, como profesionistas lumpen:

> [Los escritores] procedían generalmente de familias acomodadas, familias asentadas o de cierta posición, y al tomar ellos la pluma se volvían o se revolvían contra esa posición [...] Hoy los escritores de España (y de Hispanoamérica) proceden en un número cada vez más alarmante de familias de clase baja, del proletariado y del lumpenproletariado, y su ejercicio más usual de la escritura es una forma de escalar posiciones en la pirámide social, una forma de asentarse cuidándose mucho de no trasgredir nada. (2005: 485)

Vienen a la mente los escritores del boom latinoamericano, hijos de familias aristocráticas o de diplomáticos, contrastados con la biografía del propio Bolaño e incluso con la de Padura. Así, aunque de tendencia conservadora, la opinión de Ordóñez no carece de validez a pesar de la generalización en que sostiene su argumento. El vínculo generacional que sugiere el personaje confirmaría ese desencanto del que hemos hablado en las líneas precedentes, pero también podría entenderse como una parodia (probablemente no consciente) del autor empírico, es decir, de Roberto Bolaño, quien abandona la poesía vanguardista y escandalosa de su juventud en México para dedicarse a escribir en España cuento y novela, géneros mucho más comercializables que le permiten publicar en editoriales catalanas de gran prestigio, al tiempo que utiliza clichés y estrategias de una fórmula tan popular como la detectivesca en el montaje de varias de sus intrigas.

El pretendido cuento de Roberto Arlt al interior de «Nombre falso» (se ha comentado) relata el encuentro de un anarquista prófugo con una prostituta en una casa de citas. Sólo en las últimas páginas se menciona que esta versión copiada de «Las tinieblas» acontece en Sudamérica, y en el último párrafo se dice que los personajes salen a las calles del barrio del Retiro, en Buenos Aires. El protagonista, de nombre Enrique, logra «sacar» a Luba de la vida que lleva, convenciéndola de integrarse a la célula clandestina a la que él pertenece. Vale la pena transcribir aquí el argumento central del muchacho, pues refleja los fundamentos de las agrupaciones más cercanas a las propuestas de Bakunin que a las de Marx o Trotsky: «¿Cómo dudar de que ésta es la doctrina? Porque ¿quién va a hacer la revolución social sino las prostitutas, los estafadores, los desdichados, los asesinos, los fraudulentos, toda la canalla que sufre abajo sin esperanza alguna? ¿O te creés que la revolución la van a hacer los cagatintas y los tenderos?» (Piglia 2002: 187). Así, lo que Engels y Marx denominaron lumpenproletariado funcionaría, para ciertos ideólogos del anarquismo, como la base de lucha revolucionaria, lo cual, trasladado al ámbito literario, justificaría el empleo y la defensa del plagio efectuados por el Roberto Arlt de la *nouvelle*, representación metaficcional del autor argentino.

Si en un primer momento, según el cuadro de procedimientos de la metaficción, se había atribuido al metacomentario la función de teorizar acerca del fenómeno literario, en la novela de registro policial sus alcances pueden amplificarse a la esfera política, de tal manera que sus personajes declaran sus simpatías o antipatías por determinado régimen o por algún modo de producción. Los escritores entrevistados en *Los detectives salvajes*, el anarquista de «Luba», José María Heredia y, más tímidamente, Fernando Terry en *La novela de mi vida*, vierten metacomentarios políticos en sus intervenciones, mismos que, sin alterar la diégesis (en tal caso estaríamos hablando de novela política o novela de tesis), la dotan de una dimensión crítica que se traslada de la esfera ficcional a la realidad práctica, ambas influidas por la historia y la coyuntura sociopolítica de la región.

Por obvios motivos contextuales, en la literatura policial de América Latina, incluso en aquellas obras que no pertenecen al género duro, existe una tensión entre la lucha social y los gobiernos opresores. Los detectives suelen ubicarse del lado de las víctimas u oprimidos, dentro de los estratos sociales intermedios y cultivados. Esta combinación de características, que quizá sólo pueda darse en el terreno de la ficción –el detective o policía escolarizado y socialmente comprometido–, sirve en las obras de nuestro corpus como vehículo de recuperación de la memoria, ya sea bajo el pretexto de los escritos perdidos o como consecuencia del autoconocimiento paulatino de los investigadores durante su pesquisa. De igual manera, subyace la tensión, de índole tan latinoamericana, entre el afán libertario y la desesperanza. Con idealismos de intensidades distintas, las tres novelas a las que dediqué la parte analítica procuran transmitir el mensaje de la posibilidad de un cambio, o cuando menos de la posibilidad de ponerlo en marcha.

Como se arguyó anteriormente, *La novela de mi vida*, en tanto recuento transhistórico de las dictaduras cubanas, nos recuerda insistentemente en sus páginas que «un país que prefiere una tiranía a enfrentar los riesgos que sean, se merece todas las tiranías» (Padura 2002: 158), aunque esta frase y las demás similares sean adjudicadas a las épocas colonial y machadista; porque Fernando Terry regresa a Cuba con el deseo de encontrar respuestas sobre su pasado y el pasado desconocido de José María Heredia, y, si bien no son lo que espera, las encuentra. De tal forma que, sin importar el ambiente que podemos calificar de posmoderno en que las tres obras han sido escritas, siguen pugnando por un combate social, tal vez ya no el de las armas, como los anarquistas, y ni siquiera ideológico, como aconseja el trotskismo, sino al nivel personal de quien funge como detective. Porque, a fin de cuentas, la narrativa policial continúa y continuará sustentada en la averiguación, y en la lucha del investigador por llevar a buen término esa averiguación; en otorgar sentido a la barbarie a fuerza de emplear la racionalidad, de verificar indicios y de comprobar que las primeras sospechas casi nunca son acertadas; en pretender, con provecho o sin él, desentrañar fragmentos de pasajes olvidados o enterrados, como lo hace Rodolfo Walsh en *Operación Masacre*, costándole persecuciones reales y finalmente la vida. Ni Emilio Renzi, ni Belano y Lima, ni Fernando Terry son detectives ganadores en el sentido motivacional de la palabra, pero las novelas en las que actúan nos declaran la perseverancia de su combate, trivial o trascendente, por conquistar la verdad y soñar, con la cursilería inevitable que emana de esa noción, el sueño de la revolución, «el sueño de la Revolución [como dice Felipe Müller que le contó Belano la última vez que se vieron], una pesadilla caliente» (Bolaño 2005: 500).

Consideraciones finales

El presente texto fue planeado, esencialmente, como una contribución al estudio de la ficción policial desde una de las teorías literarias que ha generado mayor interés durante las décadas recientes: la metaficción. Sería más un cliché que una aseveración con sustento en la actualidad literaria decir que la novela policial sigue siendo menospreciada, considerándosela un género menor o paraliterario. Hoy en día subsisten, evidentemente, algunos prejuicios sobre ésta, si bien en escalas limitadas. Dichas descalificaciones ya tópicas pueden ser pensadas, con el devenir del tiempo, como un aliciente para la transformación del género, pues gracias a sus señalamientos críticos pudieron asimilarse elementos del relato de enigma en narrativas cuyas aspiraciones eran ajenas a las de la literatura de masas, lo cual quedó demostrado desde mediados del siglo XX con el *nouveau roman* francés hasta la aceptación unánime del policial erudito, delineado por Borges, gracias a *El nombre de la rosa* de Umberto Eco, sin olvidar, en un terreno más cercano, *Ensayo de un crimen* de Rodolfo Usigli. Así, más que propugnar por un reconocimiento de la narrativa en cuestión, este ensayo busca contribuir a su afianzamiento en la esfera de los estudios literarios, sobre todo aquellos de índole teórica más que histórica. Como resultado de ello, en las primeras páginas del trabajo sostengo el argumento sobre la distinción entre «género» y «registro» policiales, contribución teórica que sirve de soporte esencial para el análisis y la denominación de las obras examinadas.

En América Latina, el resultado de la conjunción policial-metaficción ha sido factor para la integración de algunas obras a los planes de estudio universitarios y sobre todo a los catálogos de tesis sobre literatura. No obstante, y más allá de esas aportaciones, la obra de Padura, Piglia y Bolaño se distingue por abordar temas que no se quedan en la denuncia social y política, como sí sucede en el género policial latinoamericano o *neopolicial*; por ello, sin dejar a un lado esa veta que intenta dar visibilidad a las injusticias de la región, elegí las temáticas alrededor de las cuales reflexionan el trío de narraciones para articular mi análisis: en primera instancia, la correlación entre el detective literario y el estudioso de la literatura (en la ficción y en el mundo práctico); después, la revisión del recorrido hacia el objeto perdido, recorrido equivalente al proceso de detección que narra todo relato detectivesco; por último, el desciframiento del contenido de los escritos extraviados: su vínculo con las historias nacionales y su puesta en valor monetario y artístico.

Como es natural, en el proceso de escritura se presentaron aspectos por analizar que no habían sido contemplados al inicio. Uno de ellos, surgido de la noción de *epistemofilia*, fue el carácter que este «fetichismo del conocimiento» adquiere en las narraciones contemporáneas. A diferencia de lo que sucede con los detectives clásicos, se observa que en gran parte de las manifestaciones de finales del siglo XX —como en los tres casos estudiados—, el detective, y por extensión el lector, experimenta un desencanto frente al poder del raciocinio, dado que la solución asegurada y victoriosa al final de la diégesis, indispensable en el relato de policial de género clásico, es sometida a la misma crisis que padece el cientificismo desde hace más de medio siglo. La explicación que ofrece Patricia Waugh acerca del apogeo de la metaficción responde a la misma dinámica que sustenta la narrativa a la que se dedica este trabajo: «La escritura metaficcional contemporánea es, al mismo tiempo, una respuesta y una contribución a la percepción, aun más compleja, de que la historia o la realidad son transitorias: no hay ya un mundo de verdades eternas, sino una serie de construcciones, de artificios, de estructuras revocables» (Waugh 1984: 7)[1] Así pues, el pacto de lectura de la literatura policial se ha visto modificado con el tiempo, y es en este tipo de narrativa en que las resonancias del pensamiento contemporáneo confluyen gracias a la metaficción. De entrada, porque el rastreador no fija su atención en crímenes, sino en enigmas que, para completar el circuito autorreferencial, se remiten al mundo de las letras. La lectura de indicios se vuelve metáfora en la lectura explícita de textos, de la misma manera en que el icónico detective de gabardina y revólver es representado en ese universo ficcional como un especialista letrado que investiga obras, autores, movimientos literarios. El reconocimiento de esta alteración en el pacto de lectura, que supone transferir un personaje de fácil identificación en el imaginario, el detective, a un investigador que se dedica a averiguar misterios concernientes a los libros, se presenta como una de las principales aportaciones de este ensayo.

---

[1] «Contemporary metafictional writing is both a response and a contribution to an even more thoroughgoing sense that reality or history are provisional: no longer a world of eternal verities but a series of constructions, artifices, impermanent structures».

Por otro lado, luego de examinar la articulación del relato de registro policial con los procedimientos metaficcionales, y pese a la diversidad de los textos elegidos en lo que concierne a la fecha de su publicación, a su extensión, a la franja temporal en que sucede la diégesis y a la nacionalidad de sus autores, es fácil notar que las obras del corpus corresponden a lo que Mark Currie, en su ensayo «Metafiction», denomina literatura hecha por gente que habita en *Literatureland*, «ese lugar donde los textos y los actos de interpretación constituyen el mundo de experiencia que el novelista, intencionalmente o no, representa» (1995: 3)[2]. La pregunta obligada sería, entonces, si este tipo de relato está solamente dirigido a lectores que no tienen dificultades para insertarse y habitar de manera momentánea en *Literatureland*. Por razones esgrimidas en la parte teórica de mi trabajo, llego a la conclusión sucinta de que la narrativa metaficcional se caracteriza por una serie de procedimientos que generan un efecto particular en el transcurso de la lectura, es decir, que el texto cuestione su propia calidad de objeto artístico y que, en consecuencia, el lector perciba la paradoja de que el texto leído relate cómo se está construyendo y note el quiebre, o la complejidad, de la frontera entre ficción y realidad; para que dicho efecto se complete es necesario que ese lector o espectador descodifique y otorgue sentido a las estrategias de la narración. En consecuencia, un relato metaficcional, quizá de manera elitista, se dirigiría primordialmente hacia aquel público dispuesto a entrar en la dinámica propuesta.

No obstante, como sucede con las vanguardias que repiten una y otra vez sus expresiones de ruptura con la tradición, la práctica metaficcional ha sido normativizada, asimilada, «domesticada» por todo tipo de ficciones, incluidas aquellas de carácter mediático (baste con ver algún capítulo de la serie animada *Los Simpson* y la estructura narrativa de algunos videojuegos[3]). Lo que en principio se antojaba extravagante y de acceso difícil, así, se vuelve práctica común que, por vía de la reproducción, suscita una expectación definida; la narrativa metaficcional, aunada al registro policial, ha creado entonces un horizonte de expectativas en el cual se inscriben autores como Paul Auster, Umberto Eco, Rubem Fonseca, Milorad Pavić y, evidentemente, los tres cuyos

---

[2] «[The writer/critic is an inhabitant of Literatureland,] the place where the texts and acts of interpretation constitute the world of experience which the novelist, knowingly or unknowingly, represents».

[3] En el II Congreso Internacional de la Red de Investigación sobre Metaficción en el Ámbito Hispánico, celebrado en junio de 2012 en la Universidad de Borgoña, la conferencia magistral de Antonio G. Gil González se tituló «Remediaciones metaficcionales del videojuego: de *Los Simpson* a la novela y el film interactivos».

textos han sido examinados aquí. Dicha parcela de las literaturas policiales, cuyo frecuente motivo de búsqueda es un texto perdido, ha derivado en mi interés por indagar el cruce ya referido.

Habitantes de *Literatureland*, como apunta irónicamente Currie, los protagonistas de enigmas de textos ausentes ofrecen una gran variedad de materia para críticos y teóricos literarios, temáticas que no por falta de interés sino por razones de extensión del trabajo y de personal alcance cultural tuve que descartar, particularmente aquellos elementos de la novela histórica en las tres obras, el contexto específico en el que fueron escritas y publicadas (así como su recepción en los círculos intelectuales dentro y fuera de sus países), y, quizá lo más importante, una valoración estética y cualitativa autónoma de cada texto y ajena al ámbito de las literaturas policiales. Esas líneas de exploración, entre muchas otras, quedan abiertas para futuros ensayos que retomen la ficción detectivesca como su objeto de análisis y, con ello, fomenten el diálogo teórico-crítico en torno a las problemáticas del tema, argumento bajo el cual proyecté –e intenté cristalizar– la presente investigación.

Bibliografía

Adriaensen, Brigitte & Grinberg Pla, Valeria (eds.) (2012): *Narrativas del crimen en América Latina*. Berlin: LIT Verlag.
Albaladejo, Tomás (1986): *Teoría de los mundos posibles y macroestructura narrativa*. Alicante: Universidad de Alicante.
Arenas, Reinaldo (1991): *Viaje a La Habana (Novela en tres viajes)*. México: Mondadori / CONACULTA.
— (1999): *El color del verano (o Nuevo «Jardín de las Delicias»)*. México: Tusquets.
Baroni, Raphaël (2007): *La Tension narrative. Suspense, curiosité et surprise*. Paris: Seuil.
Barth, John (1995): «The literature of exhaustion». En Currie, Mark: *Metafiction*. New York: Longman, 161-171
Barthes, Roland (2001): *S/Z*. México: Siglo xxi.
Bayard, Pierre (2008): *Qui a tué Roger Ackroyd ?* Paris: Minuit.
Benjamin, Walter (1980): «Detective y régimen de la sospecha». En *Poesía y capitalismo*. Madrid: Taurus.
Beristáin, Helena (2006): *Diccionario de retórica y poética*. México: Porrúa.
Boileau-Narcejac (1968): *La novela policial*. Buenos Aires: Paidós.
Bolaño, Roberto (1999): *Amuleto*. Barcelona: Anagrama.
— (2004): *2666*. Barcelona: Anagrama.
— (2005): *Los detectives salvajes*. Barcelona: Anagrama.
Borges, Jorge Luis (1978): «El cuento policial». Conferencia en la Universidad de Belgrano, 16 de junio: <http://www.revistaoxigen.com/Menus/Recursos/7c_policial.htm>.
— (1985a): «Chesterton, narrador policial». En Emir Rodríguez Monegal (ed.) *Ficcionario*. México: Fondo de Cultura Económica.
— (1985b): «Los laberintos policiales y Chesterton». En Emir Rodríguez Monegal (ed.): *Ficcionario*. México: Fondo de Cultura Económica.
— (2004): *Ficciones*. Madrid: Alianza.
— & Bioy Casares, Adolfo (1998): *Seis problemas para don Isidro Parodi*. Madrid: Alianza.
Braham, Persephone (2004): *Crimes against the State, Crimes against persons. Detective fiction in Cuba and Mexico*. Minneapolis: University of Minnesota Press.

CAMPBELL, Federico (1987): *Pretexta*. México: Fondo de Cultura Económica.
CAMPOS, Marco Antonio (2004): «Entrevista con Ricardo Piglia». En Piglia, Ricardo: *Cuentos con dos rostros*. México: UNAM.
CAWELTI, John G. (1976): *Adventure, mystery and romance: formula stories as art in popular culture*. Chicago: Chicago University Press.
CHANDLER, Raymond (1976): «Apunte sobre la novela policial». En *Cartas y escritos*. Buenos Aires: De la Flor.
— (1982): «El sencillo arte de matar». En Nogueras, Luis Rogelio: *Por la novela policial*. La Habana: Arte y Literatura.
CHRISTIAN, Ed (2001): «Introduction». En *The Post-Colonial Detective*. Hampshire: Palgrave.
CHRISTIE, Agatha (1980): *Obras, 1*. México: Aguilar.
CONAN DOYLE, Arthur (2003): *Sherlock Holmes. The Complete Novels and Stories*, vol. I y II. New York: Bantam Classic.
CORTÁZAR, Julio (1997): *Cuentos completos, 2*. México: Alfaguara.
— (2001): *Cuentos completos, 1*. México: Alfaguara.
— (2003): *Rayuela*. Madrid: Cátedra.
CURRIE, Mark (1995): «Introduction» En *Metafiction*. Nueva York: Longman.
DALLENBACH, Lucien (1991): *El relato especular*. Madrid: Visor.
DOLEŽEL, Lubomír (1999): *Heterocósmica. Ficción y mundos posibles*. Madrid: Arco Libros.
DOTRAS, Ana María (1994): *La novela española de metaficción*. Madrid: Júcar.
DOVE, George N. (1997): *The reader and the detective story*. Bowling Green: Bowling Green State University Popular Press.
DUFLO, Colas (1995): «Le livre-jeu des facultés: l'invention du lecteur de roman policier». En *Philosophies du roman policier*. Lyon: ENS Fontenay-St. Cloud.
DULOUT, Stéphanie (1995): *Le roman policier*. Toulouse: Éditions Milan.
ECO, Umberto (2002): *El péndulo de Foucault*. Barcelona: Plaza y Janés.
— (2003): «Apostillas a *El nombre de la rosa*». En *El nombre de la rosa*. Barcelona: Lumen.
ELIZONDO, Salvador (1966): «La historia según Pao Cheng». En *Narda o el verano*. México: Fondo de Cultura Económica.
EPPLE, Juan Armando (1995): «Entrevista a Leonardo Padura Fuentes». En *Hispamérica* 71, xxiv.
ESTLEMAN, Loren D. (2003): «On the significance of Boswells». En Conan Doyle, Arthur. *Sherlock Holmes. The Complete Novels and Stories*, vol. I. New York: Bantam Classic.
FERNÁNDEZ, Macedonio (1975): *Museo de la novela de la Eterna (Primera novela buena)*. Buenos Aires: Corregidor.
FERNÁNDEZ PEQUEÑO, José M. (1994): *Cuba: la narrativa policial entre el querer y el poder (1973-1988)*. Santiago de Cuba: Editorial Oriente.

FLORES, Enrique (2005): «*Causas célebres. El origen de la narrativa criminal en México*». En Rodríguez Lozano Miguel G., & Flores, Enrique (eds.). *Bang! Bang! Pesquisas sobre narrativa policiaca mexicana*. México UNAM-IIF.
FORNET, Ambrosio (2008): «Heredia en la novela de su vida». En *El signo y sus otros*. Santiago de Cuba: Editorial Oriente.
FORNET, Jorge (2000): «Prólogo». En Piglia, Ricardo: *Respiración Artificial*. La Habana: Casa de las Américas.
FOUCAULT, Michel (1967): *Historia de la locura en la época clásica*. México: Fondo de Cultura Económica.
— (1975): *Surveiller et punir*. Paris: Gallimard.
GASS, William (1970): *Fiction and the figures of life*. New York: Alfred A. Knopf.
GENETTE, Gérard (1982): *Palimpsestes. La littérature au second degré*. Paris: Seuil.
— (1986): *et al.*, *Théorie des genres*. Paris: Seuil.
— (2001): *Umbrales*. México: Siglo XXI.
— (2007): *Discours du récit*. Paris: Seuil.
GIARDINELLI, Mempo (1984): *El género negro*. México: Universidad Autónoma Metropolitana.
GIL GONZÁLEZ, Antonio J. (2005): «Variaciones sobre el relato y la ficción». En *Revista Anthropos. Metaliteratura y metaficción (Balance crítico y perspectivas)* 208: 9-24.
GOULET, Andrea (2005): «Curiosity's killer instinct: bibliophilia and the myth of the rational detective». En *Yale French Studies. Crime Fictions* 108: 48-59.
GRINBERG PLA, Valeria (20102): «Subversiones genéricas una vuelta de tuerca latinoamericana a la clásica novela de enigma». En Adriaensen, Brigitte & Grinberg Pla, Valeria (eds.): *Narrativas del crimen en América Latina*. Berlin: LIT Verlag.
GUBERN, Román (ed.) (1970): *La novela criminal*. Barcelona: Tusquets.
GUILLÉN, Claudio (2005): *Entre lo uno y lo diverso*. Barcelona: Tusquets.
HADATTY MORA, Yanna (2003): *Autofagia y narración. Estrategias de representación en la narrativa iberoamericana de vanguardia, 1922-1935*. Madrid / Franfurt: Iberoamericana / Vervuert.
HEREDIA, José María (1990): *Niágara y otros textos (Poesía y prosa selectas)*. Caracas: Ayacucho.
HIMES, Chester (2008): *Un ciego con una pistola*. Barcelona: RBA Bolsillo.
HUTCHEON, Linda (1984): *Narcissistic narrative: the metafictional paradox*. Bristol: Routledge.
— (1992): «Ironía, sátira, parodia. Una aproximación pragmática a la ironía». En Silva, Hernán. *De la ironía a lo grotesco*. México: UAM-Iztapalapa
— (2000): *A theory of parody: the teachings of twenty-century art forms*. Illinois: University of Illinois Press.
ISER, Wolfgang (1987): «El proceso de lectura: enfoque fenomenológico». En Mayoral, José Antonio (ed.): *Estética de la recepción*. Madrid: Arco Libros, 215-244.

— (1989a): «La estructura apelativa de los textos». En Warning, Rainer: *Estética de la recepción*. Madrid: Visor, Madrid, 133-148.
— (1989b): «El papel del lector en *Joseph Andrews* y *Tom Jones* de Fielding», En Warning, Rainer. *Estética de la recepción*. Madrid: Visor, Madrid, 277-296.
JAMES, Henry (1998): *Los papeles de Aspern*. Caracas: Monte Ávila.
JAMESON, Fredric (1991): *El postmodernismo o la lógica cultural del capitalismo avanzado*. Barcelona: Paidós.
— (1971): «Metacommentary». En *PMLA* 86, 1: 9-18.
JAUSS, Hans Robert (1989): «La Ifigenia de Goethe y la de Racine. Con un epílogo sobre el carácter parcial de la estética de la recepción». En Warning, Rainer. *Estética de la recepción*. Madrid: Visor, Madrid, 217-259.
KNIGHT, Stephen (2004): *Crime fiction 1800-2000: detection, death, diversity*. Basingstoke: Palgrave Macmillan.
LACAN, Jacques (1971): «Seminario sobre "La carta robada"». En *Escritos I*. México: Siglo XXI.
LEE, Cheng Chan (2005): *Metaficción y mundos posibles en la narrativa de José María Merino*. Valladolid: Universidad de Valladolid.
LEÑERO, Vicente (1985): *El garabato*. México: Joaquín Mortiz / SEP.
LINK, Daniel (comp.) (2003): *El juego de los cautos. Literatura policial: de Edgar A. Poe a P.D. James*. Buenos Aires: La Marca.
LITS, Marc (1993): *Le roman policier: introduction à la théorie et à l'histoire d'un genre littéraire*. Liège: CEFAL.
LOCKHART, Darrell B. (ed.) (2004): *Latin American mystery writers. An A-to-Z guide*. Connecticut: Greenwood Press.
MALLO, Ernesto (2011): *Crimen en el Barrio del Once*. Madrid: Siruela.
MANDEL, Ernst (1986): *Crimen delicioso. Historia social del relato policiaco*. México: UNAM.
MARTÍN ESCRIBA, Àlex & ZAPATERO, Javier Sánchez (2007): «Una mirada al neopolicial latinoamericano: Mempo Giardinelli, Leonardo Padura y Paco Ignacio Taibo II». En *Anales de Literatura Hispanoamericana* 36.
MCCRACKEN, Ellen (1991): «Metaplagiarism and the critic's role as detective: Ricardo Piglia's reinvention of Roberto Arlt». En *PMLA* 106-5: 1071-1082.
MCDONOUGH, Matthew J. (1991): *The metafictional novel: a comparative study*. East Lansing: Michigan State University.
MEEK, Margaret (2004): *En torno a la cultura escrita*. México: Fondo de Cultura Económica.
MONTERROSO, Augusto (2001): «La cucaracha soñadora». En *La oveja negra y demás fábulas*. México: CONACULTA / Fondo de Cultura Económica.
MOOG-GRÜNEWALD, Maria (1984): «Investigación de las influencias y la recepción». En Schmeling, Manfred (comp). *Teoría y praxis de la literatura comparada*. Caracas: Alfa.

Murphy, Bruce F. (2001): *The Encyclopedia of murder and mystery*. New York: Palgrave
Narcejac, Thomas (1986): *Una máquina de leer: la novela policiaca*. México: Fondo de Cultura Económica.
Nogueras, Luis Rogelio & Rodríguez Rivera, Guillermo (1982): «¿La verdadera novela policial?». En Nogueras, Luis Rogelio. *Por la novela policial*. La Habana: Arte y Literatura.
Pacheco, José Emilio (1972): «La fiesta brava». En *El principio del placer*. México: Joaquín Mortiz.
Padura, Leonardo (2000): *Modernidad, posmodernidad y novela policial*. La Habana: Unión.
— (2002): *La novela de mi vida*. Barcelona: Tusquets.
Parodi, Cristina (1999): «Borges y la subversión del modelo policial», en Olea Franco, Rafael (ed.). *Borges: Desesperaciones aparentes y consuelos secretos*, México: El Colegio de México.
Pellicer, Rosa (2007): «Críticos detectives y críticos asesinos. La busca del manuscrito en la novela policíaca hispanoamericana (1990-2006)». En *Anales de Literatura Hispanoamericana* 36.
Pérez, Janet (2005): «Leonardo Padura Fuentes: *La novela de mi vida*. Academic detecting and the *novela negra*». En *Hispanófila* 143.
Piglia, Ricardo (1976): «Sobre el género policial». Encuesta de Lafforgue, Jorge & Rivera, Jorge B. En *Crisis* 30.
— (1979): «Introducción». En *Cuentos de la serie negra*. Buenos Aires: CEAL.
— (1990): «Parodia y propiedad». En *Crítica y ficción*. Buenos Aires: Ediciones Siglo Veinte.
— (1993): *Respiración artificial*. Bogotá: Tercer Mundo Editores.
— (2002): *Nombre Falso*. Barcelona: Anagrama.
— (2004): «La loca y el relato del crimen». En *Cuentos con dos rostros*. México: UNAM.
— (2005): *El último lector*. Barcelona: Anagrama.
Pimentel, Luz Aurora (1993): «Tematología y transtextualidad». En *NRFH* xli 1.
— (2005): *El relato en perspectiva*. México: Siglo xxi / UNAM.
— (2001): *El espacio en la ficción*. México: Siglo xxi / UNAM.
Platas Tasende, Ana María (2000): *Diccionario de términos literarios*. Madrid: Espasa.
Poe, Edgar Allan (1985): *Cuentos completos*, vol. 1. México: Círculo de Lectores.
Ponce, Néstor (2005): *Crimen. Anthologie de la nouvelle noire et policière d'Amérique latine*. Rennes: Presses Universitaires de Rennes.
Pons, María Cristina (1998): *Más allá de las fronteras del lenguaje. Un análisis crítico de* Respiración artificial *de Ricardo Piglia*. México: UNAM.
Pozuelo Yvancos, José María (1993): *Poética de la ficción*. Madrid: Síntesis.
Pratt, Dale J. (1994): *Sueños, recuerdo, memoria. La metaficción en las novelas de Joaquín Armando Chacón*. México: UNAM.

QUEEN, Ellery (1980): *Novelas escogidas, 1*. México: Aguilar.
REVUELTAS, Eugenia (1987): «La novela policiaca en México y en Cuba». En *Cuadernos Americanos*, Nueva época 1: 102- 120.
RICŒUR, Paul (1983): *Temps et récit i: L'intrigue et le récit historique*. Paris: Seuil.
RINCÓN, Carlos (1995): «El territorio y el mapa, ¿para qué metaficción?», en *La no simultaneidad de lo simultáneo*. Bogotá: EUN.
ROBBE-GRILLET, Alain (1986): *Las gomas*. Barcelona: Anagrama.
ROJAS, Rafael (2006): *Tumbas sin sosiego. Revolución, disidencia y exilio del intelectual cubano*. Barcelona: Anagrama.
SAINT-GELAIS, Richard (1997): «Rudiments de lecture policière». En *Revue belge de philologie et d'histoire* 75-3: 789-804.
SÁNCHEZ VÁZQUEZ, Adolfo (2005): «Hacia una estética de la participación (ii)». En *De la estética de la recepción a una estética de la participación*. México: UNAM.
SCHOLES, Robert (2005): «Metafiction». En Currie, Mark. *Metafiction*. Nueva York: Longman, 29-38
SEBEOK, Thomas & ECO, Umberto (eds.) (1989), *El signo de los tres*. Barcelona: Lumen.
—& Umiker-Sebeok Jean (1994): *Sherlock Holmes y Charles S. Pierce. El método de la investigación*. Barcelona: Paidós.
SETTON, Román (2009): «Raúl Waleis y los inicios de la literatura policial en Argentina». En Waleis, Raúl. *La huella del crimen*. Buenos Aires: Adriana Hidalgo.
SIMPSON, Amelia (1990): *Detective fiction from Latin America*. London: University Associated Press.
SPANOS, William V. (1972): «The detective and the boundary: some sotes on the postmodern literary imagination». En *Boundary* 2, 1: 147-168.
STERNE, Laurence (1992): *Vida y opiniones del caballero Tristram Shandy*. Madrid: Cátedra.
TANI, Stefano (1984): *The doomed detective: the contribution of the detective novel to postmodern American and Italian fiction*. Carbondale: Southern Illinois University Press.
TODOROV, Tzvetan (1971): «Typologie du roman policier». En *Poétique de la prose*. Paris: Seuil, 55-65.
TRELLES PAZ, Diego (2008): *La novela policial alternativa en Hispanoamérica: detectives perdidos, asesinos ausentes y enigmas sin respuesta*. Texas: University of Texas at Austin.
ULMER, Gregory L. (1988): «El objeto de la poscrítica». En Foster, Hal (sel. y prólogo). *La posmodernidad*. México: Kairós/Colofón, 125-163
VARGAS VERGARA, Mabel (2005): «La escritura como táctica abismada de lo policial en *Los detectives salvajes* de Roberto Bolaño». En *Cyber Humanitatis* 33.
VICENS, Josefina (2010): *El libro vacío / Los años falsos*. México: Fondo de Cultura Económica.

Vinarov, Kseniya A. (2006): *La novela detectivesca de metaficción: cuatro ejemplos mexicanos*. Ciudad Juárez: Universidad Autónoma de Ciudad Juárez.

Volpi, Jorge (2008): *Mentiras contagiosas (Ensayos)*. México: Páginas de Espuma / Colofón.

Vizcarra, Héctor Fernando (2013): *Detectives literarios en Latinoamérica: el caso Padura*. México: UNAM.

Waleis, Raúl (2009): *La huella del crimen.* Buenos Aires: Adriana Hidalgo.

Waugh, Patricia (1984): *Metafiction: the theory and practice of self-conscious fiction.* London: Routledge.

www.ingramcontent.com/pod-product-compliance
Lightning Source LLC
Chambersburg PA
CBHW022228010526
44113CB00033B/647